関門地域地図

住吉神社
仲哀天皇殯斂地
忌宮神社（豊浦宮跡）
満珠島
干珠島
長府庭園
鯨館（跡）
長府園（旧田中隆邸）
（みもすそ川公園）
赤間神宮
大連神社
火の山
前田砲台跡
日清講和記念館
春帆楼
新関門トンネル（山陽新幹線）
旧英国領事館
旧秋田商会ビル
林芙美子生誕地碑
関門海底国道トンネル
部埼灯台
和布刈神社
桜山神社
亀山八幡宮
唐戸市場
門司城跡（古城山）
厳島神社
関門橋
甲宗八幡宮
光明寺
正蓮寺
彦島八幡宮
（仲哀天皇駐蹕聖跡）
海響館
ノーフォーク広場
出光美術館（門司）
白石正一郎宅跡
ホーム・リンガ商会
海峡プラザ（門司港）
九州鉄道記念館
三宜楼
山陽ホテル跡
旧大連航路上屋
地蔵時（遊女墓）
JR門司港駅
旧門司市役所
（門司区役所）
門司倶楽部跡
巌流島
林芙美子生誕地記念文学碑
関門海底鉄道トンネル
関門トンネル記念館
門司赤煉瓦プレイス
御所神社（柳の御所）
JR門司駅
安徳帝風呂の井戸
長州奇兵隊戦死墓

（「国土交通省国土地理院地図」より作成・2023年9月）

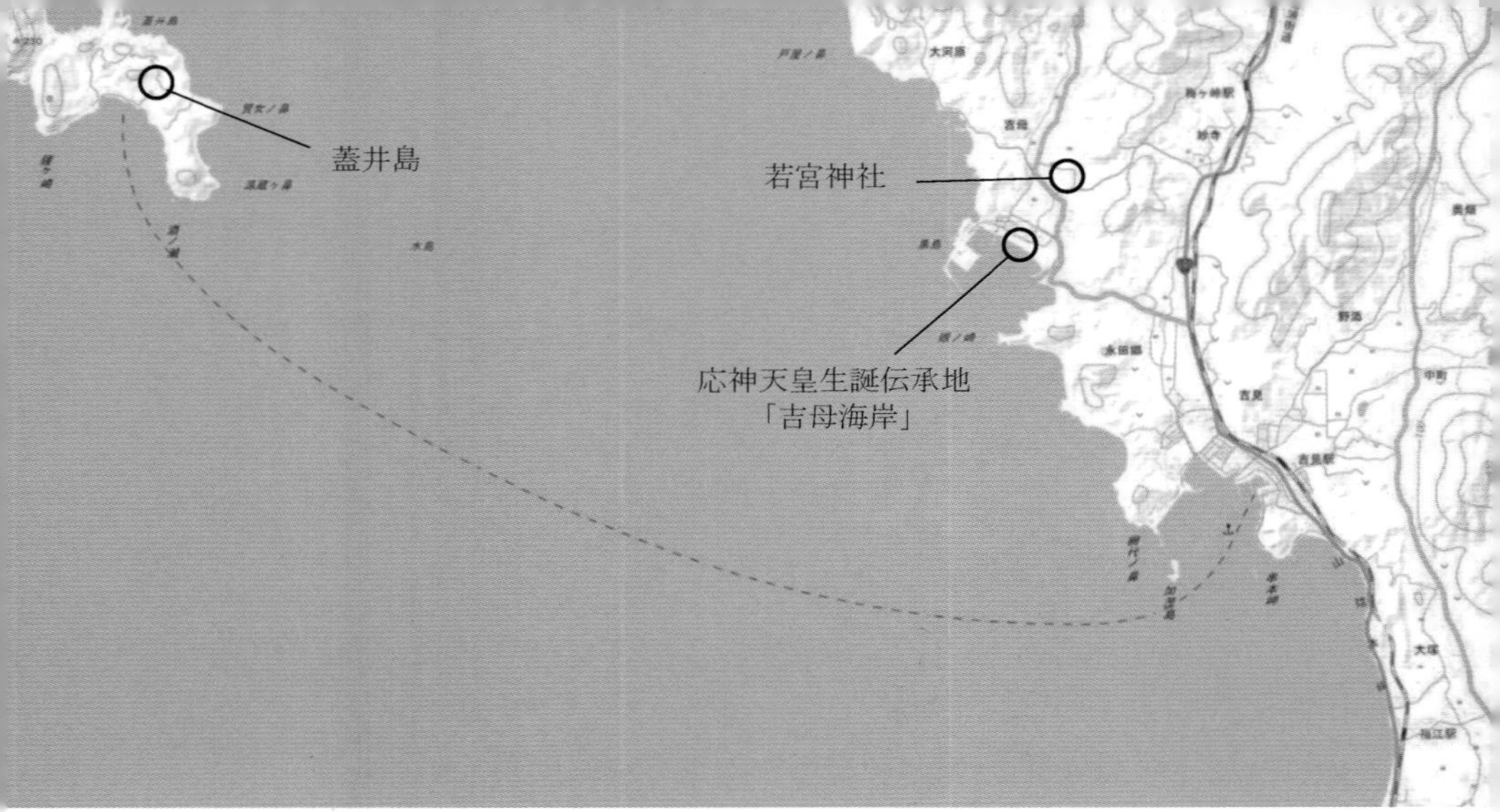

上　「関門地域図」より北（山口県下関市の蓋井島、吉母付近）

下　「関門地域」より西（福岡県北九州市小倉、若松、洞海湾一帯）

（「国土交通省国土地理院地図」より作成・2024 年 1 月）

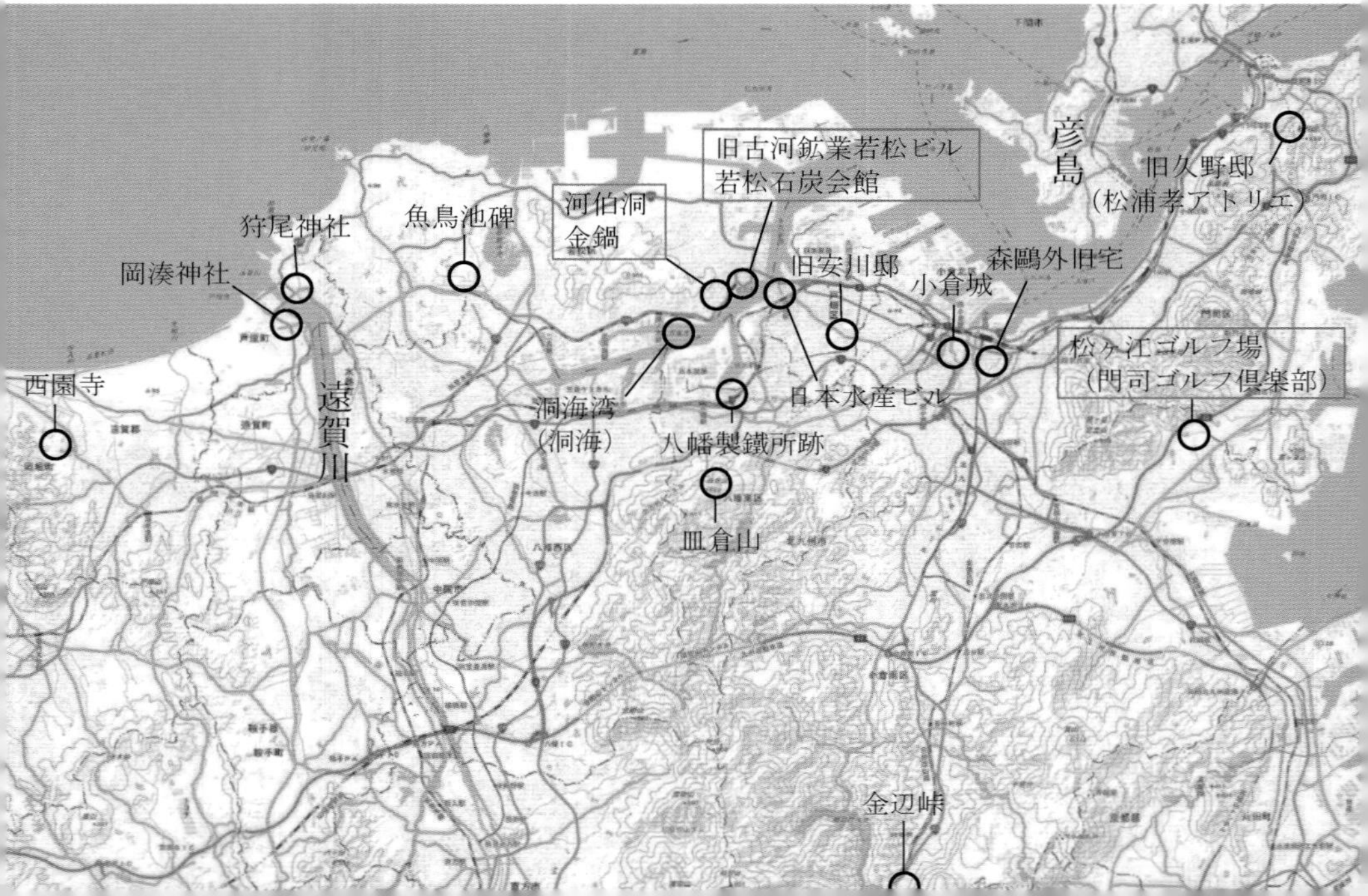

日本遺産 二つの港物語

上段・下関市
左 「前田砲台場跡」石碑
（2022 年 8 月）
右 火の山砲台跡〔第 4 砲台〕
（2022 年 9 月）

JAPAN HERITAGE FUTATSU NO MINATO MONOGATARI

編著 堀 雅昭

下段・北九州市
左 大阪商船ビル
（2022 年 4 月）
右 門司港海峡プラザ前から眺望
（2014 年 12 月）

はじめに

　本州と九州を隔てる関門海峡は、古来より陸上・海上交通の要衝であった。そこに幕末の馬関攘夷戦争を契機とした下関・門司両港の開港があり、出入口に双子の洋式灯台が造られる。以後、沿岸部に重厚な近代建築が続々と建設されるのだ。こうした特有の歴史により、平成二九（二〇一七）年四月に「関門〝ノスタルジック〟海峡 ―時の停車場、近代化の記憶―」として、文化庁により日本遺産に認定された。

　個人的な話で恐縮だが、下関には母の姉の家があり、門司には本書にも登場する祖母の親元である久野勘助の家があった。このため子供のころから度々訪ねていたのだが、いずれも海の見える活気に満ちた街の印象が強い。

　こうした思い出を重ねつつ書いた『関門の近代』を、福岡の弦書房から出版したのが日本遺産認定の二ヵ月前であった。同年二月二六日の『西日本新聞』の書評欄でも取り上げられ、それなりに反響があった矢先の出来事である。

　とはいえ、その後の盛り上がりはさほどでもなかった。

　文化庁は令和二（二〇二〇）年から、ゴロ合わせで二月一三日を日本遺産の日と決めて、東京でイベントをやっている。令和四（二〇二二）年一〇月には海峡メッセ下関で「日本遺産フェステバル　ｉｎ　関門」も開かれた。こうした流れで『関門の近代』の続編となる関門地域のビジュアル版ガイド本の出版を企画したが、その時は協力が得られず一旦は諦めた。

みもすそ川公園の長州砲のレプリカ（2022 年 4 月）

ところが令和五（二〇二三）年七月に、下関市都市整備部の山上直人さんから、『関門の近代』を面白く読みました」と、電話が入ったのだ。驚いたのは言うまでもない。

歴史好きの山上さんは国土交通省の職員だった。前任地の九州から任期付きで下関市役所に出向したばかりで、三菱重工業㈱がゲストハウスとして使ってきた長府苑（長府黒門東町）を、市が取得する手続きを進めているとのこと。海運会社の経営で財を成した田中隆氏が大正期に建てた長府苑の観光資源化や、火の山公園の再開発計画など、自ら発掘した歴史秘話と重ねながら熱心に語られた。そのうえで、知恵を貸して欲しいと打ち明けられたのである。

興味を持った私は、関門地域の日本遺産とその周辺まで鳥瞰するビジュアル版歴史本を出したいと申し出たところ、「面白いですね」となり、山上さんと情報交換しながら、勢いに任せて下関、門司、若松の取材を進め、各地の協力者たちにもお世話になって出版に漕ぎついた次第だ。

文化庁、山口県、下関市、北九州市、関門海峡日本遺産協議会にも大変お世話になった。

とはいえ、火付け役の山上さんと出会わなければ、世に出ることはなかった作品だ。本は人との出会いの中で命を与えられ、活字文化を解する人々の助けの中で育つことを感じている。

「要塞地」として西日本の国防拠点となり、国際貿易港として大陸への窓口にもなった二つの港の特異性が、日本遺産の形で具現化されたのは幸運であった。民間レベルでの盛り上がりや、地域の再ブランド化につながれば、本書は役目を果たしたことになる。ぜひ、そうなって欲しい。

令和六（二〇二四）年二月

堀　雅昭

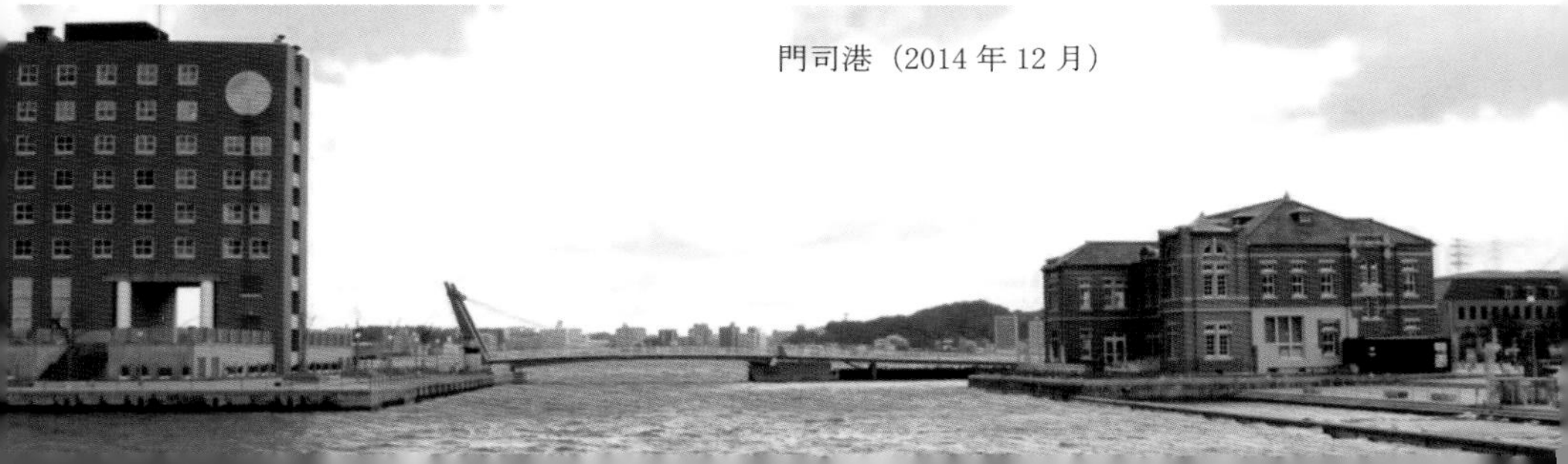

門司港（2014年12月）

第6章　近代の膨張〈大正篇〉

第7章　総力戦体制〈昭和戦前篇〉

第1章 神話の海峡

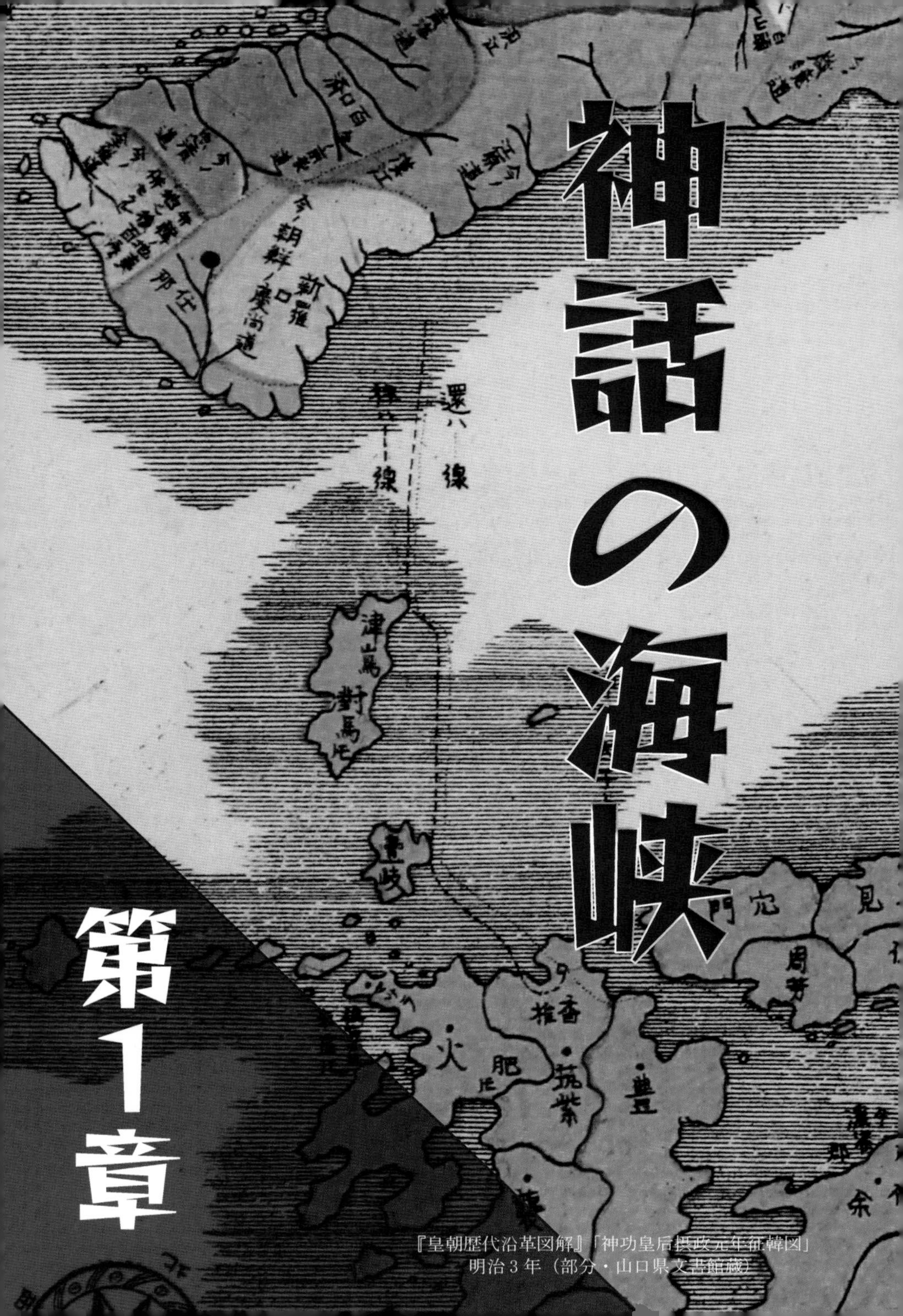

『皇朝歴代沿革図解』「神功皇后摂政元年征韓図」
明治３年（部分・山口県文書館蔵）

神功皇后《じんぐうこうごう》と忌宮神社

「穴戸の豊浦の都と申侍る事は。今の赤間の関と門司の関とのあはひは山のひとつにて。其中にわづかにしほのみちひの道ばかり穴のやう…」

昔は関門海峡が陸続きで、汐の通る水路があっただけという伝説を、今川貞世（室町時代の武将・今川了俊）が『道ゆきぶり』で書いていた。

「穴戸」とは大化の改新以前の、山口県西部の古称。日本武尊の子である仲哀天皇（第一四代）は、九州の熊襲を鎮圧するため、紀伊国（和歌山県）の徳勒津宮（ところつのみや）を出発。瀬戸内海経由で穴戸に向かった。つづいて敦賀にいた神功皇后が日本海経由で穴戸に入り、「豊浦宮」を建設。夫妻は九州に渡り、橿日宮（香椎宮）に落ち着くと、神がかりした皇后の口から「熊襲を撃つより新羅を撃つべし」とのご神託が下る。だが仲哀帝は無視して崩御した。

『日本書記』は、仲哀天皇九年春二月に帝が熊襲に殺されたとも記す。熊襲邪馬台国に属さない「狗奴国」の民といわれ、南九州にかけて高度な文化と優れた武器を持っていた。

一方で、仲哀帝の子（応神天皇）を身籠っていた神功皇后は、自ら新羅を撃つため挙兵し、朝鮮半島に向かう。これが三韓征伐の粗筋である。

『道ゆきぶり』によれば、神功皇后が出航の際、「此穴戸の山引わかれて。今のはやとものわたりなりぬ」といったように、このとき関門海峡（早鞆瀬戸）が出来たと語っている。

豊浦宮の場所が、現在の忌宮神社（2023 年 8 月）

『日韓上古史ノ裏面　中巻』によれば、仲哀帝が九州入りするとき、関門開鑿工事をしていたということだ。下関の「壇之浦」の名は、海底に敷かれた石段五〇〇段に由来する、と。

仲哀天皇の亡骸は穴戸に戻され、日頼寺境内の仲哀天皇御殯斂地（仮墓所）で仮の殯（もがり）が行われた。

近くの忌宮神社（下関市長府宮ノ内町）が前出の「豊浦宮」の地で、聖武天皇神亀五（七二八）年に香椎宮から神功皇后の神霊を勧請し、仲哀帝と応神天皇を合祀して創建されていた。

また飛地境内が忌宮神社の西の海中に浮かぶ満珠島と干珠島である。

神功皇后が阿曇磯良（龍神）から授けられた潮の干満を操れる二つの玉（如意玉）を海に沈めて出来たと伝わる、神代のロマンを秘めた島である。

仲哀天皇殯斂地
〔長府日頼寺境内〕
（2009 年 4 月）

忌宮神社の飛地境内の満珠島
〔手前〕と干珠島〔奥〕
（2023 年 8 月）

三韓征伐と住吉神社

国宝の住吉神社本殿。1370（建徳元）年に大内弘世が再建した建物で室町初期の神社建築の様式を残している（2023年9月）

神功皇后九年と四九年の二度、新羅出兵をしたと『日本書紀』は記す。朝鮮半島南端の倭人の拠点「任那（みまな）」（伽耶諸国）に新羅が侵攻したので援軍した、と。特に第一回目の派兵で新羅を降伏させ、高麗と百済も従ったので「三韓征伐」と呼ぶ。

むろん史実としての朝鮮半島は、単純に大和朝廷の勝利では終わらず、その後も小競り合いが続いた。

高句麗王を讃える広開土王碑（中国・吉林省）には、配下の百済や新羅が、辛卯の年（西暦三九一年）に倭が攻めてきて服従したとある。その報復として高句麗が倭を攻め滅ぼしたという勝利話なのだが、何時の時代も自国を有利に描くのは常である。

それにしても、第一回目の遠征時期はいつだったのか。『日本書紀』には神功皇后五二年に百済王から七支刀を貰ったとあり、現物が石上神社（奈良県天理市）に残る。その刀表に「泰和四年五月十一日……」と刻まれているので、中国東晋の「太和四年」＝西暦三六九年の製造とわかる。

このことから神功皇后五二年は三六九年頃で、四三年前の三二六年頃が第一回目の遠征と推察できる。

凱旋後の神功皇后は、宇瀰（福岡県宇美町の宇美八幡宮）で応神天皇を生んだ。一方で下関側の「吉母若宮由緒書」（『防長寺社由来　第七巻』）には、皇后が蓋井島の「岩戸」を経て、吉母に上陸。芦（よし）と藻を敷いて応神天皇を生んだ伝承が残る。このため「寄せ藻」が転じて「吉母」に地名が改まった、と。近くには応神天皇を祀る若宮神社が鎮座している。

神功皇后は軍に従った住吉三神（表筒男、中筒男、底筒男）を穴戸の山田村に祀っていた。これが後に「長門国一宮」と呼ばれる住吉神社である。

神社の近くには、皇后が凱旋後に白馬を洗ったという「濁池」跡が残る。

そんな神功皇后も六九年に一〇〇歳で没した（『日本書紀』）。長生きに見えるが、これは倭人が「正月や四季を知らず、春耕秋収を記録している（其俗不知正歳四時、但記春耕秋収、為年紀）」と『魏志倭人伝』「魏略」の注釈が示すように、当時は春秋をそれぞれ一年と数えていたからだろう。実際は半分の五〇歳くらいで没したのだ。

神功皇后の海外派兵の効用は『下関市史 原始-中世』が①鉄の補給、②帰化人技術者の移住、③大陸貿易港の基地出現など高く評価している。

山口県側の応神天皇生誕伝承地「吉母海岸」
（2023 年 9 月）

今も残る「濁池」
〔一の宮本町 1 丁目〕
（2023 年 9 月）

門司港と神功皇后伝説

　神功皇后伝説のもう一つの舞台が北九州だ。企救半島突端に鎮座する和布刈神社が三韓征伐期の創建で、ここには神功皇后が阿曇磯良から授かった「滿涸の瓊（みちひのたま）」と同じものが秘蔵されていると伝わる。

　大晦日の夜に社人たちが松明を燈して海に入ってワカメをとり、元旦の神に捧げる神饌の神事「和布刈神事」（福岡県指定の無形民俗文化財）も有名である。これも阿曇磯良が海中から「滿涸の瓊」を拾いあげ、神功皇后に授けた「遺風」の再現らしい（『増補改訂　馬関土産』）。

　そこから一㌔ほど南に鎮座する甲宗八幡宮の御神体も、神功皇后着用の甲と伝わる。五〇年に一度の開帳のため、現物は確認できないが、『門司ケ関　第五号』に「甲宗八幡宮御甲の拝観」と題して、甲の外観を描いた絵と解説文が見える。昭和三三（一九五八）年四月の開帳記録で、「古代より平安に至る形式」で「冑星洞空状筋間十一張枚一鉄」とキャプションにある。四月一一日付の『毎日新聞』（小倉版）は「重要文化財指定に力添えする」と題して、そのときの調査の概要を報じている。

　境内下の「三綱石」が、後に国際貿易港となる門司港の未来を予言していたのも面白い。貞観年中（八五九-八七六年）の創建期に、ご神体として前掲の甲が納められた際、「永く外國をして朝貢せしむるの西門」となるよう岩に三本の綱をかけ、「三韓（新羅、百済、高句麗）」の朝貢が続くように祝したという（昭和八年刊『門司市史』）。

　その朝貢船の停泊地が、白木崎と葛葉と小森江の三地域だった〔※〕。

　白木崎は「新羅」の岬で、葛葉には現在も「葛葉百済町緑地」がある。小森江は「高麗入江」の転化だった（『門司郷土叢書　門司港志』）。

　馬寄（まいそ）には、「神功征韓の際、軍馬を集め玉ひしより、起れりと言ひ傳へ」（『筑豊沿海志』）があるようで、軍馬を集めたことで「馬寄」の地名ができたという。当地の盆踊りは神功皇后伝説に彩られた「馬寄踊り」だ。


〔※〕『甲宗八幡宮文書』（山口県文書館蔵）の「甲宗八幡縁起」には、「三韓貢船所レ着地名、今謂二白木崎、葛葉、小森江一」と記してある。

甲宗八幡宮の「三綱石」(2016 年 4 月)

和布刈神社（2023 年 9 月）

神功皇后の甲の写生画
(『門司ヶ関』第 5 号
「甲宗八幡宮御甲の拝観」)

『九軌電車』(部分・九州電気軌道株式会社　1931 年発行　画・吉田初三郎)。
左手に和布刈神社や甲宗八幡宮。右手に向かい、九州電気軌道に沿いに「白木崎」、「葛葉」、「小森江」の各駅が記載されている（北九州市立門司図書館蔵）

神官の着ている
白い装束だけが火を受けて
こよなく清浄に見えた。
この瞬間、時間も、空間も、
古代に帰ったように思われた。

（松本清張『時間の習俗』より）

和布刈神事（©T.Nishimura　和布刈神社提供）

洞海《くきのうみ》と熊鰐《くまわに》

仲哀天皇と神功皇后が筑紫の橿日宮（香椎宮）に向かう途中、仲哀帝の船が「岡浦」で、神功皇后の船が「洞海」（くきのうみ）で、それぞれ進めなくなった（『日本書紀』）。案内役は周防の沙麼（山口県佐波）まで舳先に賢木（さかき）を立てた船で、仲哀帝を迎えにいった豪族の熊鰐（くまわに）。賢木の上枝に白銅鏡（ますみのかがみ）、中枝に十握剣（とつかのつるぎ）、下枝に八尺瓊（やさかに）を付けていた。

仲哀帝の船が足止めされた「岡浦」は現在の岡湊神社が鎮座する遠賀川河口だ。理由は大倉主（おおくらぬし・男神）と菟天羅媛（つぶらひめ・女人）が邪魔していたからである。そこで熊鰐が伊賀彦を神官に仕立て、男女二柱を祀らせると船は動きだした。

一方で、神功皇后が留まっていた「洞海」は、いまの洞海湾である。熊鰐は神功皇后を迎えに行くが、皇后は怒った。そこで熊鰐が、魚池と鳥池を造って魚と鳥を集めて慰労したと伝えられる。

この魚池・鳥池の跡が、若松区払川の田園風景の中に、石組みされた井戸として残っている。近くに若松市教育会が昭和一三（一九三八）年に建てた「魚鳥池」の石碑がある。

実は、この熊鰐から九三代目を名乗る子孫が、岡垣町三吉の浄土真宗寺院西圓寺（西円寺）の住職・熊鰐薫修さん（昭和三六年生まれ）であった。

お寺にお邪魔すると、裏山の「熊山」は古墳で〔※〕、昔、剣と玉が出てきたが、現在は行方不明と話された。

熊鰐薫修さん（2023 年 9 月）

熊鰐については『筑前国続風土記拾遺　第三巻』の「三吉村」の箇所に、次の説明がある。

「此村に熊山、熊の浦など云地あり。これそのかみ岡県主祖熊鰐の古墟なりと云。此辺遠賀郡岡郷なればさもあるべし」

熊山の中腹には、かつて熊鰐神社もあった（『新岡垣風土記』「熊鰐伝承と三吉」）。熊鰐氏が住職を務める西圓寺（西円寺）の由来は『増補改訂　遠賀郡誌　上巻』に、昔は天台宗の「星住庵」と呼ばれ、後に浄土真宗に改宗したとある。また、「熊鰐公」の子孫の寺にもかかわらず、「今は寥々たる一寒寺たり」と同情をつづけていた。

「魚鳥池」の次に、熊鰐住職に案内して貰ったのは、芦屋町山鹿の狩尾神社の境内であった。なるほど石段を登ったところに、「岡縣主祖熊鰐宅址」の石碑が建っている。

「ここが熊鰐の本宅の場所です」

熊鰐住職はそう語ったが、今は西圓寺とは無関係らしい。

〔※〕『岡垣町遺跡詳細分布調査報告書第16集』には西圓寺（西円寺）の裏山に熊浦1号墳から5号墳まで丘陵斜面の五基の円墳の存在が記録されている。

遠賀郡芦屋町山鹿の狩尾神社境内に建つ「岡縣主祖熊鰐宅址」の石碑（2023年9月）

仲哀天皇が足止めされた近くの岡湊神社〔遠賀郡芦屋町船頭町〕（2023年9月）

COLUMN

仲哀天皇駐蹕聖跡《ちゅうあいてんのうちゅうひつせいせき》（彦島八幡宮）

彦島八幡宮の入口に「仲哀天皇駐蹕遺跡之碑」が建つ。後の昭和天皇である「東宮」の「御成婚記念」として大正一三（一九二四）年九月に建てられたものだ。碑銘は男爵の国司直行が書き、碑文は山口県立教育博物館の初代館長・作間久吉が、「彦島者古爾引島地勢當關門海峽衝仲哀天皇熊襲征伐之時維…」〔※〕と記している。

この碑文は『日本書紀』に出てくる伊都県主の祖先・五十迹手（いとて）が、船の舳艫（船首と船尾）に賢木（さかき）を立て、上の枝から順に八尺瓊（やさかに）、白銅鏡（ますみのかがみ）、十握剣（とつかのつるぎ）を下げて彦島に駐蹕する仲哀天皇を迎えに行った伝説に由来したものだ。

すなわち仲哀天皇と神功皇后は穴戸豊浦宮（現在の忌宮神社の場所）で仲哀帝二年から五年余りを過ごし、熊襲征伐の計画を練った。そして同八年春正月に九州に向けて船を出すが、このとき五十迹手が彦島まで迎えに行ったという逸話である。

彦島八幡宮の境内には「彦島宮ノ原遺跡」も残っている。昭和三四（一九五九）年に発掘調査がされたことで、境内一帯が縄文時代の遺跡と判明した（『山口県文化財概要　第四集』）。

仲哀帝の「駐蹕」と宮ノ原遺跡の関係を模索するのも面白い。古代史ロマンが今に残る古社である。

〔※〕全文は『郷土読本　栄える彦島』に掲載。

仲哀天皇駐蹕遺跡之碑（2023年9月）

源平の記憶

第2章

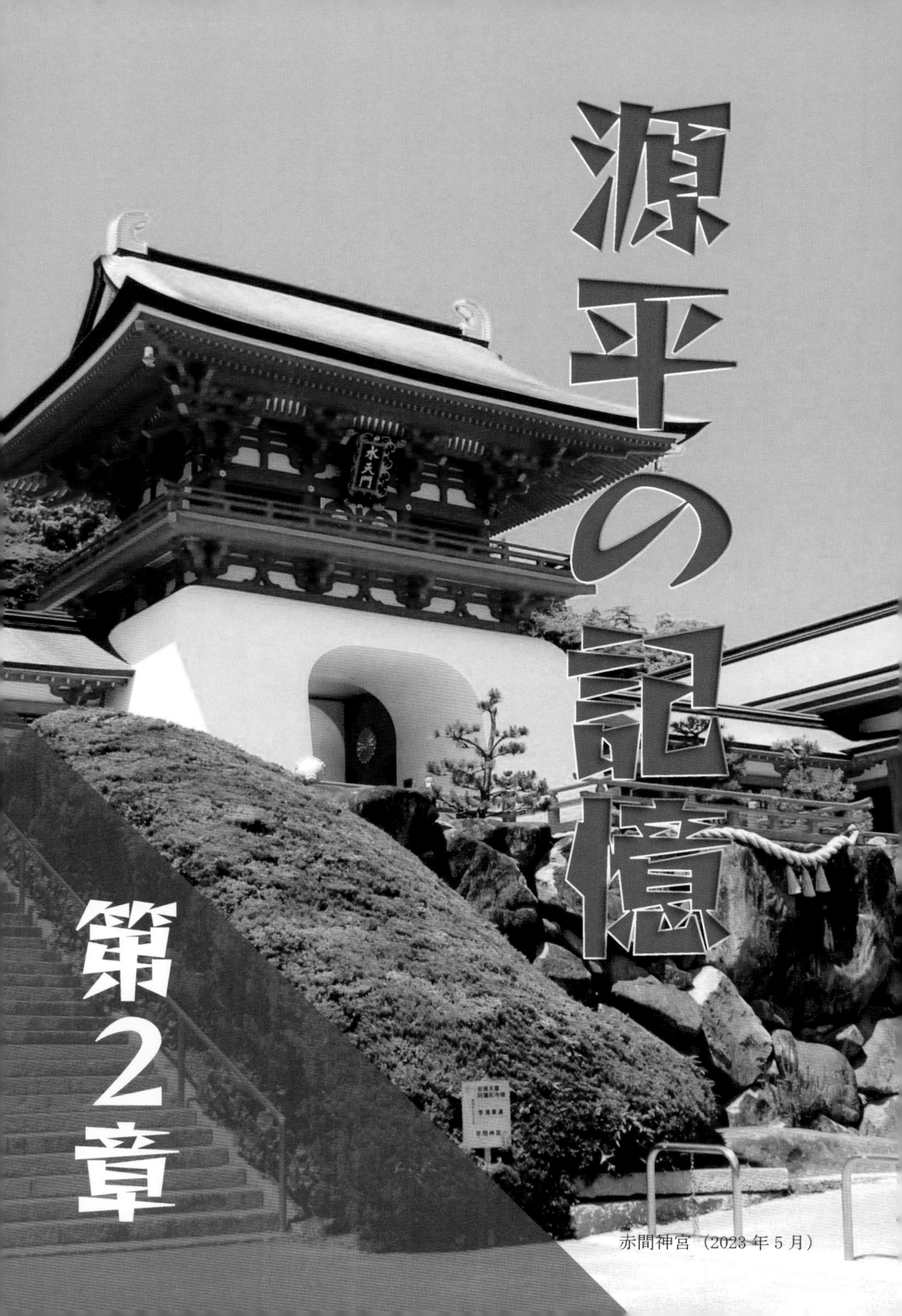

赤間神宮（2023年5月）

安徳帝の入水

みもすそ川公園（下関市）の「安徳帝御入水之処」の石碑に、二位尼の辞世、「今ぞ知る　みもすそ川の　御ながれ　波の下にも　みやこありとは」（『長門本　平家物語』）が刻まれている。

元暦二（一一八五）年三月二四日、「壇ノ浦」では源平合戦のクライマックスを迎えていた。源氏も平氏も共に天皇家の子孫で、臣籍降下により皇室を離れて「源」と「平」の苗字を貰った親戚同士。しかし時代を経て、壮絶な戦いを繰り広げていた。

安徳帝の入水までを『吾妻鏡』で追うと、一月一二日に源範頼が平家を討とうと周防国から赤間関に入ろうとしたが、食料も船もなく、数日滞在して周防国に戻っていた。

対する平清盛が九州の官兵を集めて彦島を水軍の本営にして源義経との戦に備えたのが二月一六日。

一八日には、源義経が阿波国（徳島）に渡り、源範頼は山陽道で長門に向かった（『保暦間記』）。

源義経は平家の拠点・屋島（現、高松市）を攻撃するが、一九日に家臣の佐藤繼信が戦死した。こうして三月二四日に、壇ノ浦での平家滅亡が確定するのである。『吾妻鏡』は語る。「平家つひに敗傾す。二品禅尼宝剣を持し、按察局（按察使局・あぜちのつぼね）先帝春秋八歳を抱きたてまつり、共にもつて海底に没す」

ただし安徳帝の生母・建礼門院徳子と按察局とは一命をとりとめた。

左が源義経像。右が平知盛像（みもすそ川公園・2023 年 9 月）

❖赤間神宮の先帝祭

赤間神宮の先帝祭は、毎年五月二日から三日間、盛大に開催される。旧暦で三月二四日の安徳天皇の命日が、新暦では五月二日になる。

先帝祭の起源は、後鳥羽天皇（在位一一八三‐九八年）が阿弥陀寺境内御陵上に安徳天皇の御影堂を建て、追弔法要を営んだことにはじまるとされている（『壇浦史蹟』）。

この話は「赤間関　阿弥陀寺来由覚」（『防長寺社由来　第七巻』）にも見え、文治二（一一八六）年の「後鳥羽院勅宣」に由来するというので、安徳帝入水の翌年に出されたものと解る。

文化四（一八〇七）年に記された同書の年中行事に、三月二四日の「天皇会」が確認できる。それが先帝祭の原形だろう。

先帝祭上臈参拝全景（2018 年・赤間神宮提供）

ところで『壇浦史蹟』では、先帝祭で伊崎町の中島家が平家定紋の入った直垂を着用して参拝する理由を、平家の家臣・中島四郎太夫の子孫だからと明かしている。

中島家は平家滅亡後に伊崎に潜伏して再挙を計るが、そのまま土着して造船や漁業を営むようになったのだそうだ。

同様に稲荷町遊郭の娼妓たちが参拝していた有名な「上臈道中」がある。彼女たちも建礼門院に仕えていた女官たちの子孫とされている。

敗れた平家の女官たちは土着し、苫商人に寄食して命をつなぎ、苫屋が鞆屋に名を変えて稲荷町で春をひさぐ遊郭を興した。このため稲荷町遊郭だけは昔を偲んで「上臈」と呼ぶ。

幕末維新期に御影堂を神道式の天皇社と改称した際に、先帝会（天皇会）も先帝祭へと改めたようだ。

「安徳天皇縁起絵図」(壇の浦場面・赤間神宮提供)

門司の安徳帝遺跡

ＪＲ小森江駅と門司駅の間が「大里」で、「だいり」と読む。「大里は、舊称内裏にして、寿永の昔、安徳帝、駐輦の地たり」（『御即位記念　大里町案内』）と言われたように、安徳帝の駐蹕地の「内裏」に由来していた。

門司駅に近い大里戸ノ上の御所神社境内がその地で、別名「柳の御所」。『長門本　平家物語』によれば、平家が安徳帝を奉じて「西国へとて行幸」といった具合に都落ちしたのが寿永二（一一八三）年七月二五日。八月一七日に大宰府に着き、宇佐八幡宮に参拝。ところが豊後の緒方三郎が反旗を翻して攻め来るとの報を聞き、山鹿の城（遠賀郡芦屋町）を経て高瀬舟で「豊後国柳」に赴く。そこが「柳の御所」であったわけだ。四〇〇㍍ほど南には、安徳帝ゆかりの「風呂の井戸」（門司区柳町二丁目）も残る。

小笠原（小倉）藩の国学者・西田直養が『柳村皇居考』（『門司郷土叢書　神社編　戸上神社誌』）で、「字に〈フロ〉と云ふ地あり」と語り、「昔より安徳天皇様の御風呂の水とて此所を風呂と云ふと云へり」と解説している。

柳の御所（御所神社・2023 年 9 月）

「安徳帝風呂の井戸」（2023 年 9 月）

平知盛の墓（甲宗八幡宮・2023 年 9 月）

甲宗八幡宮の本殿外の片隅に「平知盛の墓」がある。

平清盛の四男・知盛が、父亡き後に兄の宗盛を補佐し、平家一門を統率したと説明板に見える。知盛は水軍の拠点を彦島に置き、門司側では古城山の山頂に門司城を築いて戦いに備えた。だが元暦二（一一八五）年三月二四日に源氏にやぶれ、安徳帝と共に自らも入水したと伝えられる。

知盛の墓は甲宗八幡宮の鎮座する筆立山の山の中にあった。しかし昭和二八（一九五三）年六月の門司の豪雨災害で拝殿の裏まで流れ落ちてきたので、境内で祀ったという。

向かって左が墓石で、右が古い時代の供養塔である。

ところで甲宗八幡宮からノーフォーク広場を越えたところから、山道を登ると和布刈公園の駐車場に着き、そこからは歩いて古城山に登れる。

やがて山頂にたどり着くが、源平合戦の戦場は今では美しい海峡のパノラマ風景となり、登山者を暖かく迎えてくれる。そこには昭和五六（一九八一）年に建てられた「史跡　門司城跡」の石碑が鎮座している。

碑文は小倉出身の劉寒吉（小説家）が書いたものである。

古城山の「史跡　門司城跡」碑（2023 年 9 月）

COLUMN

安徳天皇生存説（久留米水天宮）

平家の敗退で二位尼が安徳天皇を抱き、腰に宝剣、脇に玉（神璽＝八尺瓊勾玉）と鏡（内侍所＝八咫鏡）をはさみ、壇ノ浦で入水した（『長門本　平家物語』）。だが、「先帝はつひに浮ばしめたまはず」（『吾妻鏡』）、宝剣は海底に沈み、箱に入っていた玉と鏡は浮かんで回収できた（『愚管抄』）。

安徳天皇の遺骸は、沢江浦（現、長門市三隅下沢江）の漁師の網にかかったそうだ（『防長風土注進案19前大津宰判』地吉村）。現在の下関市豊田町地吉の安徳天皇西市御陵墓（参考地）が、その埋葬地と伝わる。ところが実際は生き延び、九州に渡ったという「安徳天皇潜幸説」も根強かった。

屋島の戦いの後、平家一門が大宰府に逃れたとき、発熱した安徳天皇は九州にとどまり、壇ノ浦には身代わりの喜太夫（七歳）と、二位尼の代わりに初音（六一歳）が向かったというわけだ。『久留米市史　第五巻』が所収する佐賀県鳥栖市下野の立石家（安徳天皇が身を隠したと伝わる旧家）の古文書には、九州に逃れた按察使局（あぜちのつぼね）が安徳帝の世話をしながら鷺野原（現、鳥栖市下野）に平家の御霊を祀った尼御前社が、現在の久留米水天宮の母体と記している。現在地に水天宮が鎮座した理由は、慶安三（一六五〇）年に久留米藩二代藩主有馬忠頼公によって遷座されたからである。むろん御祭神は安徳天皇である。

久留米水天宮（2023 年 9 月）

第3章 北前船の風景

帆走する北前船
（井田家所蔵古写真・福井県立若狭歴史博物館提供）

下関と北前船

「関の氏神」で知られる亀山八幡宮（下関市中之町）に、玉蘭齋貞秀が描いた「大日本海陸名所図会」が所蔵されている。浮世絵の手法を用いて幕末に描かれた関門海峡の鳥瞰図だ。そこには北前船がチラホラ見える。

関門海峡を通過する北前船は「西廻航路」であった。豪商・河村瑞賢（かわむらずいけん）が寛文一二（一六七二）年に開拓した出羽の酒田を起点に、下関、門司を廻り、大阪に至る。

それから一〇〇年余りが過ぎた天明三（一七八三）年四月（旧暦）年に、古河辰が「西国一の湊」に成長した「赤間ヶ関」の姿を「諸州の廻船寄らざるはなし」と紹介していた。

北前船の寄港地では、娼家街の「稲荷町」も栄えた。古河は、「平氏没落の時に数多の官女せんかたなくも、身を遊君となして世をおくりし事なり」と、平家の女官だった伝承を持つ遊女たちが、稲荷町遊郭では客より上座に座る独特の風習があることを記している（『西遊雑記　巻之一』）。

北前船の船員たちが寄港地の下関で休息、滞在するなかで、積載商品を売りさばいたり、新たに積み荷をすることで、商都としても栄えたのであった。

北前船の重要な積荷は米である。小豆や四十物（塩魚類）、海産物、肥料、

海に突き出た亀山八幡宮の周りを北前船が往来していた様子がわかる。同社の横には「船番所」も描かれている
（「玉蘭斎貞秀画　松玉堂　錦絵　元治元年「大日本海陸名所図会〔部分〕・亀山八幡宮蔵）

木材なども運ばれた。しかも下関には、長州藩の「撫育方」の出先機関「越荷方」が置かれていた。

これは藩政改革のリーダーだった村田清風が、天保一一（一八四〇）年に作った役所である。越後方面から廻送する「越荷」を倉庫で預かり、金を貸し付ける金融業を営んだ。これが藩の大きな収入源となる。

観音崎町のやまぎん史料館（山口銀行旧本店）近くの道路沿いに建つ「馬関越荷方役所跡」の石碑が、それを今に伝えるものだ。

あるいは、慶応元（一八六五）年一〇月に至っては営利の権限が拡大して、北前船の荷作りや、荷為替などの貿易決算までも代行するようになる。

こうした「撫育」システムの中で蓄えられた富が、本会計とは別に管理され、幕末にはグラバーから洋式銃や大砲などを購入する討幕資金となるのである。

北前船の寄港による商業発展と、これに連動した「越荷方」による財政政策の成功が重なり、下関が維新革命の大きな推進地となっていく。関門海峡は、時代の大転換を牽引した地であったのだ。

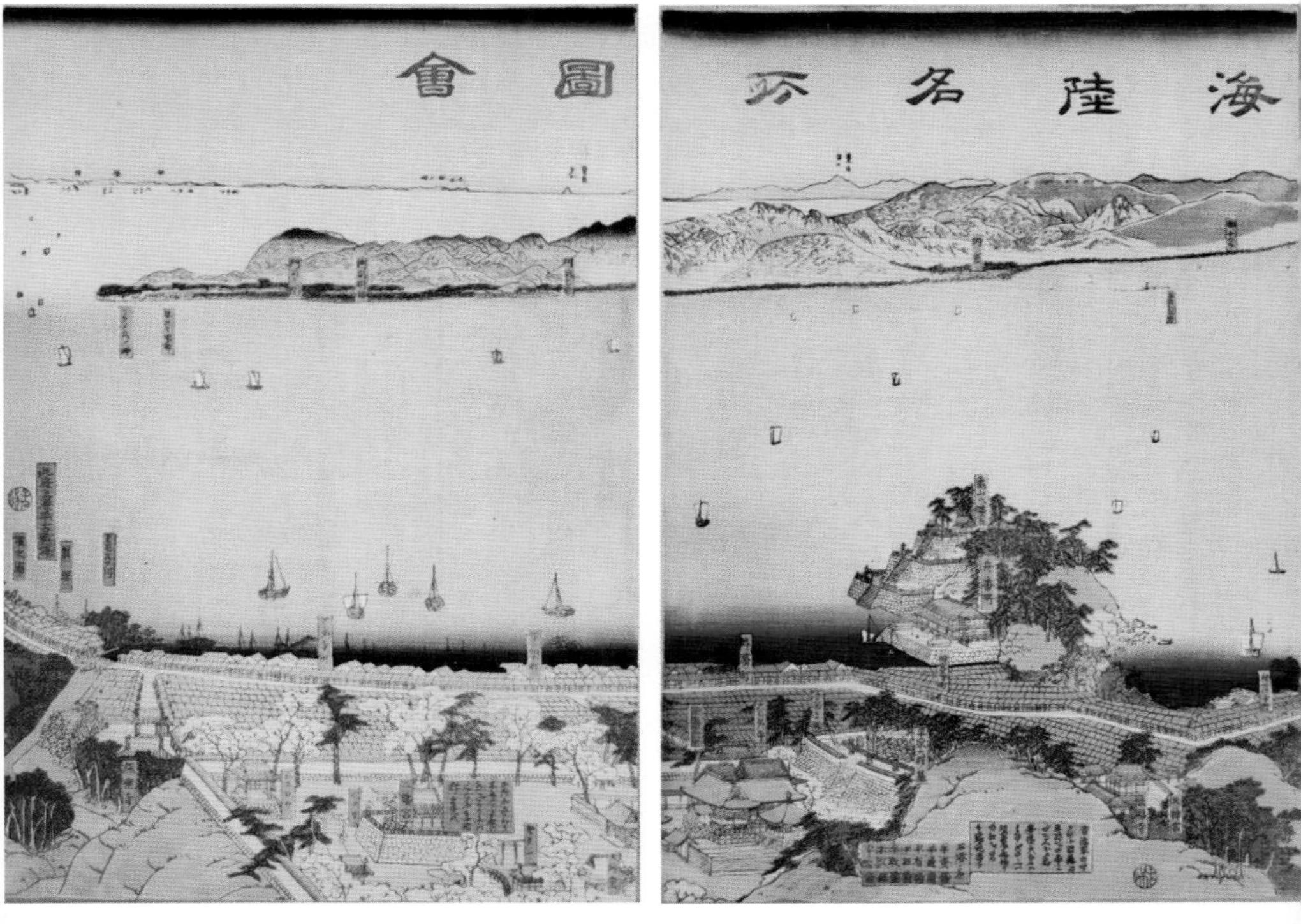

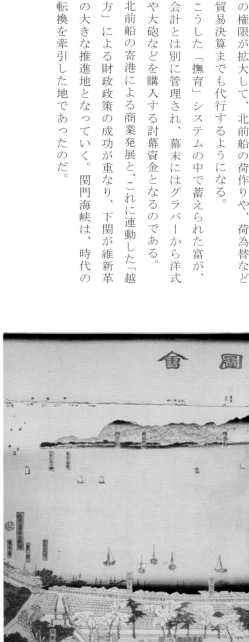

遊女の面影

❖下関の惣嫁船《そうかせん》

歌川広重の浮世絵で、下関に寄港した北前船を描いた木版画が『六十余州名所図会　長門　下の関』である。北前船に近づく小舟に、二人の女性の姿が見える。

彼女たちは惣嫁（そうか）と呼ばれた派遣型の遊女だった。

歌川広重の『六十余州名所図会　長門　下の関』
〔大日本六十余州名勝図会〕
（国立国会図書館デジタルコレクション）

下関の「売女」の起源を『郷土物語第貮拾輯』（「沖惣嫁」）は、「平家没落後、食ふに困つて、海峡通過の船に、茶代、線香代の無心を云つたと云ふ古傳説」として紹介している。

そのうえで、江戸時代に売春が公認されたことで、東の遊女たちが裏町と稲荷町の遊郭で働きはじめ、西の遊女たちが船頭相手に船で派遣型の商売をするようになったと明かす。広重の浮世絵の惣嫁船は、こうした風俗を木版画にしたものであった。屋形が付いたものもあり、舟を漕ぐ男は傳馬押（でんまおし）と呼ばれた。

営業形態は、古株の姐さん（年季の入った遊女）が指示した方向に小舟を進め、北前船にたどり着くなり船体に付けられた波除け用の丸竹をよじ登り、遊女たちが船内に飛び込んで売娼したのである。

❖ 門司の遊女墓

門司港は玄洋社の頭山満と盟友の杉山茂丸の地方開発プランに、長州閥の井上馨らが与したことで、明治二二年から築港が始まっていた（第5章「玄洋社と長州人脈の〈築港〉」）。

それまでは塩田が広がる海浜だったため、門司側では北前船が、下関の長府の対岸である田野浦港に寄港していた。

とはいえ寄港の主役は下関側だった。『門司郷土叢書　門司港志』は、「下関港の補助港の性格を持つに過ぎないと思われる」と語っている。

同書によれば、田野浦港は元禄時代に築港がはじまったらしく、文化の頃に大小の廻船五〇艘が「船繋」できるようになったとしている。

田野浦港に船客相手の田野浦遊郭ができたのは宝暦年間（一七五一−一七六三年）だった（『「門司港」発展と栄光の軌跡』）。港も下関港に較べて小規模ゆえに、花街も下関側より規模が小さかった。それでも聖山公園の麓の真楽寺に隣接して、永文字屋という遊郭があったのだとか。

あるいは海岸寄りには、蛭子屋や鍛冶屋といった遊郭もあった。田野浦では海岸の船宿にいる遊び客のところに、遊女たちが出向いて売笑していた。

そんな真楽寺と聖山の麓に散らばる遊女たちの墓の一部を、栄町小路のバーの女将が不憫に思い、田野浦から少し離れている庄司町の高台の地蔵寺の境内に移していた。このため今は、そこで遊女墓を見ることができる。これも北前船で栄えた田野浦港の歴史的残影といってよい。

地蔵寺の「遊女墓」（2023 年 9 月）

COLUMN

武蔵と小次郎の巌流島

慶長一七（一六一二）年の宮本武蔵と佐々木小次郎の巌流島（船島）での決戦は、講談や小説でよく知られている。初出は、門司城主・沼田延元に提出された「沼田家記」の「武蔵、小次郎、兵法の試合仕り候に、相きめ、豊前と長門の間にひく島（彦島）に出会い…」の古文書だ。ここに「彦島」と書かれているのが、のちに巌流島とされた。

小笠原藩家老となった武蔵の養嗣子・伊織が承応三（一六五四）年に建てた宮本武蔵碑文（小倉碑文）も残る（現在は手向山公園に建つ）。その舞台となった巌流島は埋め立てが進み、当時の六倍の大きさになっている。

武蔵の出身は岡山県美作市であったが、敗れた佐々木小次郎の生誕地は不明瞭だ。有力なのが北九州の郷土史家・原田夢果史が「真説　宮本武蔵」で語った「田川郡副田（添田）庄の地頭」系譜の佐々木一族の子孫説である。邪魔になった小次郎一派の排斥のため、細川藩が殺し屋として武蔵を送り込んだとの推察も、歴史ファンの興味をひく。それにしても巌流島は、なぜ敗者の小次郎の号「巌流」を冠した島名なのか、考えてみれば興味深い。

円内・巌流島の佐々木小次郎〔左〕と
宮本武蔵〔右〕の像（下関市役所提供）

彦島から眺めた巌流島（2023 年 8 月）

第4章 幕末と維新

関門海峡に向けられた大砲レプリカ
（みもすそ川公園・2008年11月）

馬関《ばかん》攘夷《じょうい》戦争《せんそう》

文久三（一八六三）年四月、長州藩の藩主・毛利元徳（もうりもとのり）は、「策議十ヶ条」の冒頭で「神道興起ノ事」を示した（『もりのしげり』）。

こうした流れに沿って攘夷熱が起こり、久坂玄瑞が同志を糾合。中山忠光を首領に据えた光明寺党を結成したのが一ヶ月後の五月一〇日だった。本陣となった光明寺（浄土真宗）は、いまも下関市細江町一丁目に残る。

この日、久坂は光明寺党を率いて亀山八幡宮の下の海岸から藩の軍艦「庚申丸」に乗り込み、アメリカ商船「ペンブローク号」に大砲を撃った（『白石家文書』）。以後、五月二三日にフランス軍艦キンシャン号を、二六日にオランダ軍艦メジュサ号を砲撃し、第一次馬関攘夷戦争〔※〕へとなだれ込む。

平成二二（二〇一〇）年に国指定史跡になった前田砲台跡は、この前後に建造されていた。

関門海峡東端の高台にある前田砲台跡では、第一次馬関攘夷戦争に備えて築かれた「低台場」と、翌元治元（一八六四）年の英、仏、蘭、米の四か国連合艦隊の報復（第二次）に備えて造られた「高台場」の二段構えの構造が残されている。

この地は第一次馬関攘夷戦争でフランス軍に占領され、第二次ではイギリス軍に占領されて破壊された。日本が最初に経験した近代戦争の記念碑的スポットである。

光明寺（2015 年 10 月）

下関市の前田砲台跡。対岸は門司（下関市提供）

久坂玄瑞は第一次馬関攘夷戦争前年の文久二（一八六二）年一二月に、品川御殿山に建設中のイギリス公使館を焼き討ちした攘夷派メンバーの一人であった。

面白いことに、この焼き討ち事件に連座した井上馨と伊藤博文は山尾庸三、井上勝、遠藤謹助たちと合流し、「長州ファイブ」として文久三年五月一二日に、ジャーディン・マジソン商会の斡旋で横浜港からイギリスに向かって出発している。それは久坂率いる光明寺党の砲撃と同じタイミングであった。むろん鎖国当時の密航は、非合法である。

同様に焼き討ちメンバーだった高杉晋作は、六月八日に下関の白石正一郎邸で奇兵隊を結成した。こちらは一〇日までに六〇人余りの志士が集まった。白石の家は、祖先が小倉（豊前国）から来たことで小倉屋を名乗り、廻船業を営んでいた。

白石正一郎邸の場所は、竹崎町の中国電力下関営業所の敷地になり、現在は路肩に「高杉晋作　奇兵隊結成の地」の碑文が建っている。

仏鑑セミラミス号による報復攻撃の絵。原画はベルサイユ宮殿にある（山口県文書館蔵・第12回中国四国地区アーカイブズウィーク「防長と海」参照）

幕末の内憂外患の舞台となる下関は、明治維新の震源地として時代変革のポテンシャルを高めていく。

〔※〕本稿では文久三年の戦争を「第一次」、翌元治元年の四か国連合艦隊による報復戦を「第二次」の馬関攘夷戦争と呼ぶ。

白石正一郎宅跡（下関市竹崎町　二〇二三年八月）

桜山招魂社と四境戦争

第二次の馬関攘夷戦争の勃発と時を同じくする元治元（一八六四）年夏に、長州藩を揺るがす禁門の変（蛤御門の変）が起きた。

長州藩の三家老（福原越後、益田親施、国司信濃）が兵を率いて京都御所に攻め込み、建設中の山口城に孝明天皇を連れ帰る行動に出たのである（『新選組戦場日記』）。だが頓挫し、下関での四か国連合艦隊の報復による惨敗（第二次馬関攘夷戦争）と重なる。

幕府もまた第一次長州征討令を発したので、長州藩は保身のために一一月に三家老を斬首に追い込む。豊浦郡田耕村に身を隠していた中山忠光も暗殺され、敗退と混乱を憂いた高杉晋作が奇兵隊を年末に決起した。

翌慶応元（一八六五）年四月に、幕府は第二次長州征討令（長藩再征令）を出す。これに抗するように五月には、後に靖国神社初代宮司となる萩椿八幡宮の青山清宮司（青山上総介）が、宇部の琴崎八幡宮に福原越後の神霊を合祀して幕府との対決姿勢を表明した。続いて六月に朝日山招魂社で招魂祭を斎行し、七月に長州藩が招魂社建設令を出す（『もりのしげり』）。このため公式の招魂社の最初は、八月六日に下関の桜山で斎行された招魂祭となるのである。この日、高杉晋作は次の漢詩を詠んでいた。

（猛烈の奇兵何の志す所ぞ　一死を将《も》って邦家に報いんと要す　欣ぶべし名遂げ功成るの後　共に招魂場上の花と作らん）（『高杉晋作全集　下巻』）

桜山神社（桜山招魂場・2015 年 10 月）

慶応二（一八六六）年に入ると坂本龍馬が仲立ちとなり、桂小五郎（木戸孝允）と西郷隆盛が京都の薩摩藩邸で長薩同盟を結んだ。裏で支えたのがイギリスで、開国の主導権を巡りフランスをけん制していた（『忠正公勤王事績』）。こうして長州・薩摩・イギリスの「三角同盟」が成立した。

不穏な動きを警戒した幕府は長州藩の四つの境（大島口、芸州口、石州口、小倉口）に派兵する。対する長州藩では高杉晋作が長崎のグラバーから蒸気船「丙寅丸」（Ostentosama）を購入し（慶応二年五月）、準備を進めた。

戦いは大島口から幕を開け（六月一二日）、芸州口（一四日）、石州口（一六日）、小倉口（一七日）と進んだ。長州側が呼ぶ「四境戦争」である。

七月二七日には奇兵隊や報国隊、正名団などが門司の大里に上陸して、小倉口の戦いになだれ込んだ。『防長回天史』は、「赤坂口は敵艦三艘　新町沖に来り　大里　赤坂の間を砲撃し　其往来を中断す　我軍の死傷之が為めに多し」と語る。

国道三号線沿いの赤坂二丁目の崖上に鎮座する招魂墓の側面に「慶応二年丙寅八月建之」、正面に「長州奇兵隊戦死墓」と刻まれている。

田川郡の庄屋で幕府側から参加したのが原田清九郎で、孫の原田茂安が『愁風小倉城』で「長州奇兵隊の墓」と題して建立の経緯を述べていた。

それによると、奇兵隊の山田鵬介の隊がほぼ壊滅し、遺体が置き去りにされていたのを三日後（七月三〇日）に熊本軍の長岡監物（熊本藩家老）の計らいで兵の遺骨を集めた際、参謀格の横井小楠が「防長戦死之塚」と木札を立てて弔ったのだとか。

そして明治になって下関の奇兵隊の墓地に改葬する話が出たとき、「自分らが提唱して建て残したもの」ゆえ、この地に留めて欲しいと横井が申し出て、今に至ったという。

小倉赤坂２丁目の「長州奇兵隊戦死墓」
（2023 年９月）

『小倉口戦争之図』
右上で炎に包まれているのが小倉城
（慶応２年・木版刷・山口県文書館蔵）

小倉口の戦い

再建された小倉城（2009 年２月）

小倉口の戦いは長州軍が有利で、慶応二（一八六六）年七月三〇日に小笠原長行が小倉城を脱出。八月一日に小倉（小笠原）藩は自ら城を焼き敗走した。

小倉城の天守閣が再建されたのは昭和三四（一九五九）年のことである。

❖ 小倉城の大太鼓

下関の厳島神社には小倉城から高杉晋作が戦利品として運び出し、奉納したと伝わる太鼓がある。

一方で、小倉側では慶応二年七月二〇日過ぎに小倉場内の太鼓が小曾根村庄屋の池尻家に託されていたとする（『小倉城　小倉城調査報告書』）。

城の天守閣が再建された昭和四三（一九六八）年に、寛永三（一六二六）年製の大太鼓が福岡市の太鼓師・梅津家から見つかり（『小倉城と城下町』）、現在はそれが小倉城に展示されている。

下関の厳島神社にある
伝・小倉城旧蔵の大太鼓
（2023年9月）

COLUMN

プロレタリア作家〝葉山嘉樹《はやまよしき》〟の明治維新

小倉城炎上の後、長州軍に抗戦したのが島村志津摩であった。小笠原（小倉）藩は香春に退き藩庁を構えたが、慶応二（一八六六）年一〇月には、金辺峠口での激戦を迎える。だが、島村は敗退し、長州軍は止戦交渉を始める。

慶応三年一月に交渉は終わり、北九州の企救郡一帯が長州藩の占領地（慶応三年一月～明治二年八月）となった。

長州軍は明治三（一八七〇）年二月に企救郡から引き上げるが、一ヶ月前（一月）に豊津（現、福岡県京都郡みやこ町豊津）に香春藩庁は移転していた。これにより即席の豊津藩が成立した。

ところで豊津出身のプロレタリア作家・葉山嘉樹（明治二七年生まれ）の祖父・葉山平右衛門は、小笠原藩三〇〇石の家柄であり、長州軍に敗れた側だった。

葉山嘉樹が昭和二（一九二七）年四月刊の『新青年』に発表した小説『死屍を食ふ男』に、「殿様が追ひ詰められた時に、逃げ込んで無理に拵へた山中の一村」と書いたのは、豊津藩のことだ。「殿様」は最後の藩主・小笠原忠忱（ただのぶ）だった。

葉山平右衛門は長州藩に恭順し、官軍として戊辰戦争に従軍、明治元年九月二三日に秋田城下で戦死した。そして後に靖国神社に祀られている。

みやこ町国作の八景山自然公園中腹の甲塚には、葉山嘉樹の文学碑が建っている。

福岡県田川郡香春町の
「御茶屋香春藩庁跡」の碑（2023 年 9 月）

福岡県京都郡みやこ町甲塚の
「葉山嘉樹文学碑」（2017 年 2 月）

第5章 近代の開幕〈明治篇〉

門司港海峡プラザ前からの眺望
（2014年12月）

ブラントンの二つの灯台

幕末の馬関攘夷戦争の敗戦により、徳川幕府が外国に賠償金を支払うことに一旦はなった。しかし慶応二（一八六六）年五月に幕府が英、米、仏、蘭と江戸条約を結び、賠償金削減と引き換えに八基の灯台建設と二ヶ所への照明船を設置する約束をする。

こうして英公使パークスを通じて、明治元（一八六八）年六月に来日したお雇い外国人技師R.H.ブラントンの設計により、関門地域にも二基の洋式灯台が造られたのである。

まず、第一基目が下関側で、関門海峡に入る西口の下関側の六連島の灯台である。

そして、もう一基が東口となる門司側の田野浦の部埼灯台だった。そのいずれもが、明治三（一八七〇）年一二月に起工されていた。

そこで、六連島に渡ってみた。

下関駅傍の竹崎漁港から船に揺られて約二〇分。着いた港の近くの高台に、白色灯台が見えた。歩いて登れば、最初に明かりが灯った時期を示す「明治四年十一月廿一日　初點」の文字を刻んだプレートを見ることができた。

対する門司側の部埼灯台は、企救半島の先端の高台に建っていた。こちらは白野江方面から回り込んで到着できた。上まで登ると、やはり建物に付けられたプレートに、「明治五年壬申正月二十二日初點」とあった。周防灘が一望できる風光明媚な灯台には、隣接して旧官舎跡が残っていた。

六連島灯台（2022 年 4 月）

部埼灯台（2022 年 4 月）

林平四郎と下関

安政四（一八五七）年に赤間関奥小路に生れ、後に下関の大実業家へ成長した林平四郎が単身上京したのは一七歳になる明治七（一八七四）年だった。だが、すぐに呼び戻され、再び家業に就く。こうしたなか、精蝋（ワックス）の原料仕入れで関門海峡を渡るたびに、門司側が将来発展すると考えるようになる。そこで大里あたり土地を買おうとしたが、父の太平に猛反対され、これも頓挫した。

醤油や蠟油の製造所「大津屋」を軌道に乗せた平四郎が、門司進出をしていたら、築港後の門司側でも事業が大きく成長していたに違いない。

だが、下関にとどまった平四郎は明治三六年に山口県会議員、大正二（一九一三）年に下関市会議員と同商工会議所会頭に当選。大正四年には衆議院議員になる。言論人としては明治四〇年創立の下関日の出新聞の社長となり、明治四四年に山口、萩、宇部、小月、門司、久留米、小倉、別府に支局を、朝鮮半島各地に通信部を置くまでになった（『新聞総覧』）。昭和二（一九二七）年から社長を務める下関瓦斯株式会社（現、山口合同ガス㈱）や、昭和四年から社長となる山陽電気軌道会社（現、サンデン交通）も成功に導く。

上・林平四郎（『林平四郎伝・資料篇』）

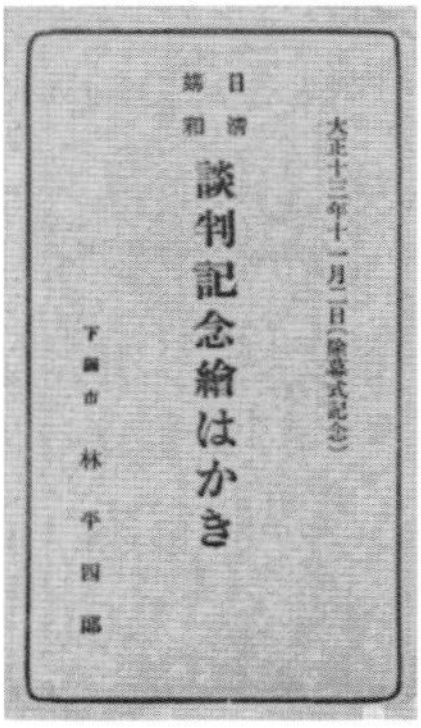

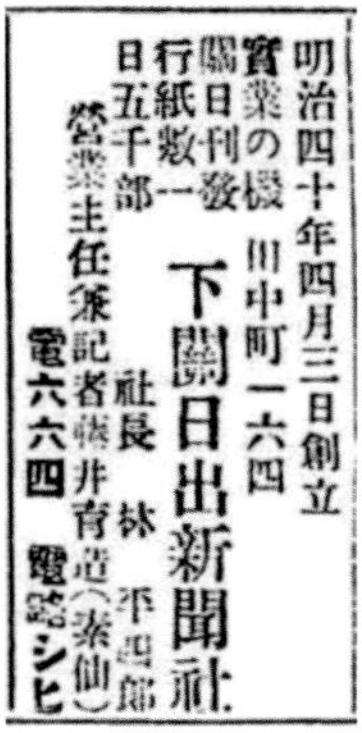

明治四十年四月三日創立
實業の機關日刊發行紙數一日五千部
下關日出新聞社 田中町一六四
社長 林平四郎
營業主任兼記者 櫻井育造（素仙）
電六六四 電略シヒ

下左・記念絵葉封筒（山口県文書館蔵）

下右・大正２年の『交信資要』の「下関日（の）出新聞」記事

一方で大正一三（一九二四）年一一月二日の日清講和談判記念碑の除幕式では、「日清媾和談判記念絵はがき」を作って祝った。昭和三年一一月には春帆楼庭外に「明治天皇御駐輦記念碑」を建て、財団法人林共愛会を設立。春帆楼と太平山公園の保存維持を行うなど、多くの社会貢献も行った（『林平四郎伝・資料篇』）。

玄洋社と長州人脈の「築港」

門司港築港の端緒は、明治一八（一八八五）年一〇月に、東京の芝口一丁目の安宿「田中屋」で旧黒田藩士で玄洋社を率いる頭山満と杉山茂丸が密談したときにさかのぼる。

二人は郷土（九州）開発のため、民権路線から方針転換。地方官憲と協力して筑豊炭田の民営化と石炭積み出し港としての門司港を計画し、九州鉄道での輸送をプランニングした。

かくして初代総理大臣・伊藤博文の懐刀と呼ばれた安場保和を、明治一九（一八八六）年二月に初代の福岡県令として迎えると、門司港築港プランが一気に進みはじめる。

安場は長州閥の井上馨と折衝を重ね、筑豊炭田に触手を伸ばしていた長州出身の藤田伝三郎を牽制する。

反面、長州人ながら玄洋社人脈につながる三浦悟楼を通じて、頭山満に筑豊炭田の経営権を与え、石炭輸出港としての門司港建設を実現する。

すなわち築港は、長州閥と玄洋社系人脈による合作だったのである。

渋沢栄一や浅野総一郎ら財界人たちが門司築港株式会社を設立したのが明治二一（一八八八）年一二月。工事は翌明治二二年七月に着手された。

埋め立ては、つぎの三段階のスケジュールで進んだ。

⑴　明治二二年七月八日…第一区（西本町～第一船溜）

⑵　明治二三年二月八日…第三区（桟橋通り～西南白木崎までの塩田地帯）

⑶　明治二五年六月一日…第二区（外濱町以西の海岸、第二船溜、運河開鑿）

左から井上馨（東京広尾の井上家蔵）。頭山満、杉山茂丸（いずれも『頭山満翁写真伝』）

九州鉄道の誕生

玄洋社人脈のお膳だてで、明治一九（一八八六）年から福岡県令になった安場保和は、門司港築港と並行して九州鉄道の敷設にも奔走した。

かねてより「国富の基礎」が「交通機関の整備」と語っていた安場によって鉄道敷設工事が始まったのだ。『的野半介』は、「玄洋社の先輩及び君達が主として斡旋奔走の労に膺（あた）り、安場知事の提唱事業を助けた」と述べている。

九州鉄道はまず「博多―久留米（千歳川）」間が明治二二年一二月に開通した。つづいて「博多―赤間」間が同二三年九月に開通。これが遠賀、黒崎に伸び、「黒崎―門司」間が同二四年四月に開通した。

旧九州鉄道本社〔九州鉄道記念館〕（2022 年 8 月）

門司駅（現、門司港駅）もこのとき開業すると同時に、駅の西の高台に赤レンガ造り二階建ての九州鉄道の本社が完成し、博多駅近くにあった仮本社が門司港に移る。

九州鉄道本社の建物は九州の鉄道の歴史を学べる鉄道ミュージアムとして、平成一五（二〇〇三）年に九州鉄道記念館として開館した。

また、北九州市芸術文化振興財団埋蔵文化財調査室による旧門司駅舎跡の発掘調査が令和五（二〇二三）年九月から一一月まで行われ、開業当時の機関車庫や赤レンガが出土した。

停車場の外郭石垣や門司港築港以前の護岸石垣などの貴重な文化財も確認されている。

明治二四年開業の初代の門司駅（『関門錦苑』）

旧門司駅舎跡の発掘調査

出土したレンガとセメントは、明治二六（一八九三）年に浅野総一郎が門司に浅野セメントを創立する以前のものだった。浅野は、早くも明治二一年に、大倉喜八郎や渋沢栄一らと門司セメント創立に向けて動いていた。それは鉄道敷設用のセメント供給のためで、工場敷地内にはレンガ製造所も設ける予定だったのだ（『浅野セメント沿革史』）。

だが、財界不況により会社は一度解散し、同二六年に改めて浅野セメントが創立されたのである。

この間に挟まる門司駅舎の建設に使われたセメントとレンガの供給先は、果たしてどこであったのか。浅野セメント創業前史まで眺めると興味深い。

機関車庫基礎〔岩盤仕様・コンクリートの上にイギリス積みのレンガ〕

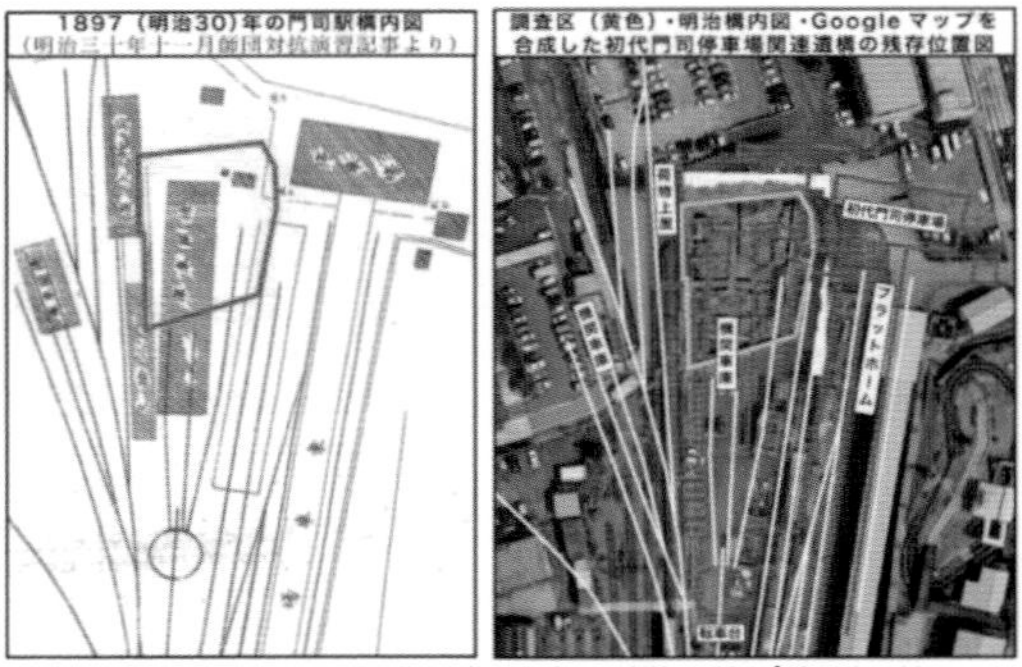

２つの図は明治30年の門司駅内図と現在の発掘現場上空からの写真の比較

機関車庫基礎〔低地仕様〕上からレンガ、コンクリート、型枠、横胴木、砂利の層。これらの遺構全体を現地で保存するよう、日本イコモスが二〇二四年二月に北九州市に要望書を提出した（全て北九州市提供）

下関要塞地

壇ノ浦の北七〇〇メートル、標高二六〇メートルの火の山山頂の「火の山公園」に、「下関要塞火の山砲台跡」が残る。

明治二三（一八九〇）年一二月の下関要塞砲大隊設置で、二一年一月に着工、二四年二月に竣工していた。第一から第四砲台備砲は二三年一二月に着工され、以下の順に完成する（『日本築城史』）。

【第一砲台】明治二五年六月
【第二砲台】明治二四年一〇月
【第三砲台】明治二六年三月
【第四砲台】明治二四年九月

門司港側では、明治二七年一一月に今のノーフォーク広場に軍器製造所の建造が決まり、三井物産会社工業部長の朝吹英二（芥川賞作家・朝吹真理子の高祖父）が視察した（同月二三日付『門司新報』）。これは明治三〇年に門司兵器製造所と改まる。

甲宗八幡宮裏手（旧門司）の斜面に「下関要塞第一地帯標」の石柱が建っている。向かって右面に「明治三十二年九月一日」、左面に「第五号」、裏面に「陸軍省」と確認できる。門司港は明治三二年八月一一日から下関要塞地に編入されていた（同月一五日付『門司新報』）

小倉も日清戦争後に軍都化が進み、昭和二（一九二七）年一〇月に工廠の設置が決定された（『北九州市史　近代・現代　行政　社会』）。現在の北九州市立中央図書館の場所には小倉陸軍造兵廠の本部が設置されていた。

旧門司「下関要塞第一地帯標」

風師山「下関要塞第一地帯標」（共に 2022 年 8 月）

火の山砲台跡

下関の「火の山公園」は、関門地区随一の眺望を有し、古くは平安時代の狼煙場、室町時代の火山城として利用されてきた歴史の地でもある。

明治期には、関門一帯は軍事上の重要な地区となり、東京湾・大阪湾に次ぐ日本三大要塞として下関要塞が設置。その一部として「火の山砲台」は、すでに見たように明治二四（一八九一）年に完成した。

これらの施設は実戦による砲撃もなく関門地区の護りを果たし、現在では、第一から第四までの砲台のうち、第三・四砲台にその面影を見ることができる。

ノスタルジックな印象を与える戦跡遺構群は、公園の新たな人気スポットといえる。

第四砲台掩蔽壕《えんぺいごう》跡（下関市提供）

第三砲台側砲庫跡
（2022 年 9 月）

第四砲台指令室跡
（2022 年 9 月）

第四砲台掩蔽壕外観
（下関市提供）

❖ 火の山からの眺め

大正時代、下関市長の李家隆介（りのいえ　たかすけ）が、日比谷公園を設計した「日本の公園の父」と呼ばれる本多静六を招き、市内の公園整備の指導を仰いだ。

本多はプランのひとつとして、「火の山砲台」の公園化を提案したが、当時は要塞地で無理筋であった。

それでも将来、要塞地ではなくなる時が来るとし、「瀬戸内海を大公園とする設計のある今日、その関門である下関はソレ自身が大公園でなければなりません」（『日本之関門』大正一〇年五月号）と語っていた。

戦後、本多の予言どおり下関要塞は廃止され、昭和三一（一九五六）年に「火の山公園」が開園した。

関門海峡を描いた浮世絵「源平八島壇之浦長門国赤間関合戦之図」（五雲亭貞秀・部分・山口県立博物館蔵）

神代の神功皇后の世から平家滅亡、巌流島の決戦、維新動乱、海峡防衛……。

栄枯盛衰のパノラマ風景は、今では一日幾百の船が行き交う海峡となり、九州・響灘・周防灘を遠望できる絶景のロケーションだ。

火の山からの眺めは「日本夜景遺産」にもなっている。

関門海峡～響灘方面のパノラマ（下関市提供）

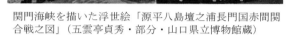

これからの火の山

HINOYAMA HERITAGE PARK

火の山から望む特別な海峡景色や自然環境、市民の活動を後世に受け継ぐ場所として、火の山公園のリニューアルが進んでいる（HINOYAMA HERITAGE PARK）。

新展望台の「ヒノヤマリング」（円形リングの通路のある展望デッキ）をはじめ、アスレチック、芝生広場、キャンプ場の整備を通じて、火の山が観光や教育、市民活動の面から関門の新たなキラーコンテンツ（商品やサービスを売る力を持つコンテンツ）となることを期待する。

火の山からの勝景で目的地を見つけて、関門を旅する。関門海峡の夜景を眺めながら、楽しい旅を振り返る……。

そんな楽しみ方があってもよいだろう。

「HINOYAMA　HERITAGE PARK」プロジェクト・展望デッキ鳥瞰夜景予想図（下関市提供）

左・火の山砲台見取り図（下関市提供）

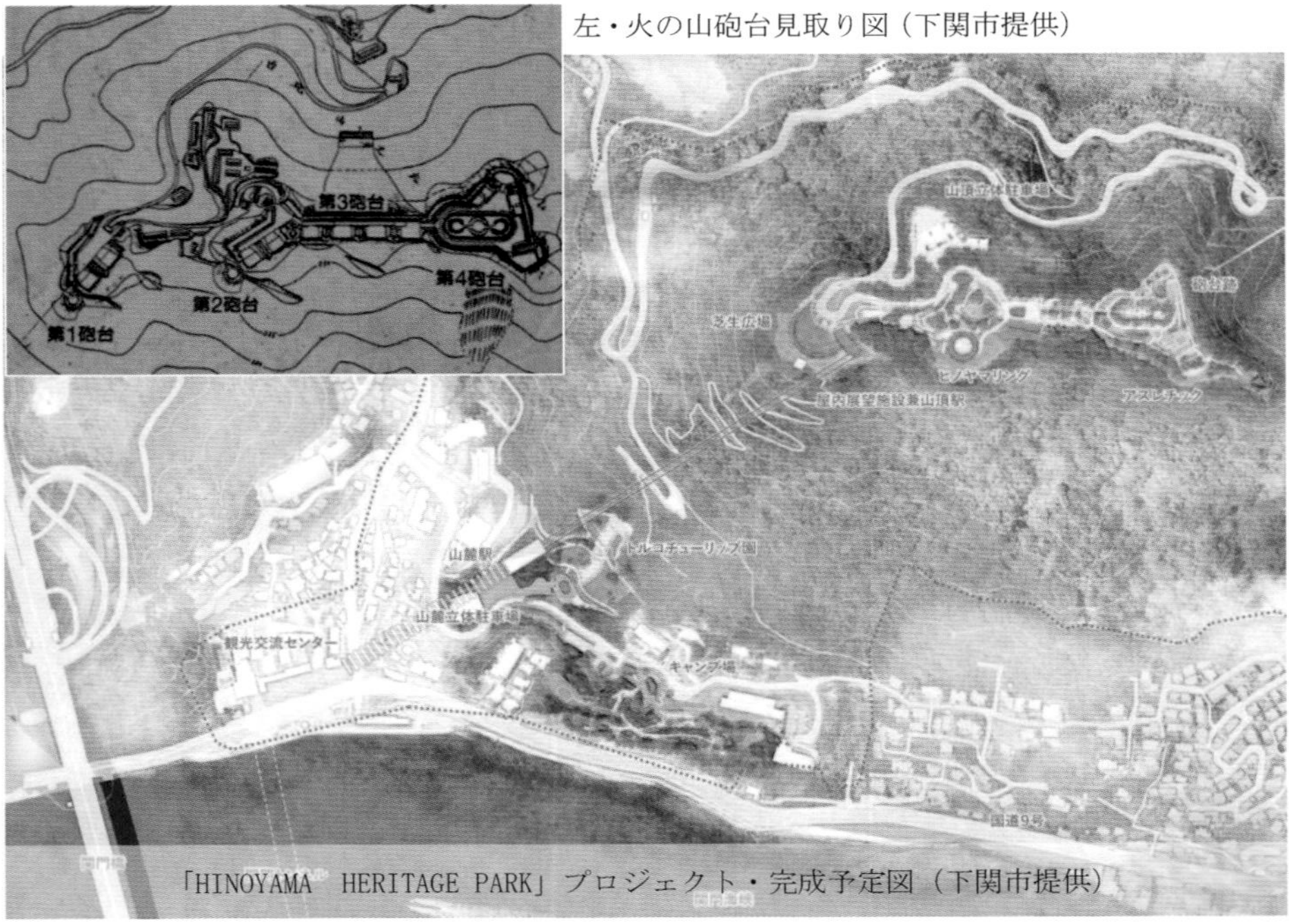

「HINOYAMA　HERITAGE PARK」プロジェクト・完成予定図（下関市提供）

日清戦争と講和

門司港の築港工事に一応の目途がついた明治二五（一八九二）年一一月に、山口県知事の原保太郎が、内務大臣の井上馨に、門司港を下関港に合併するようねじ込んだ。

慶応三（一八六七）年一月から明治二（一八六九）年八月までの約二年半、長州側が豊前の一部を占領したにも関わらず、門司港が優先的に開発されることに不満があったのか。もっとも合併すれば、「彼我敵視ノ念」が消えるとも、原は述べていた。

そんな問題提起も、日清戦争の勃発で消えてなくなる。

参謀長・有栖川宮熾仁親王の名で戦時大本営が東京参謀本部に設置されたのが明治二七（一八九四）年六月。八月一日の「宣戦の詔勅」で、九月に大本営が広島に移った。

面白いのは一一月にハワイのホノルルで孫文が支那革命を準備して興中会を立ち上げたことであった。

日清戦争は日本が勝利し、講和会議が明治二八（一八九五）年三月から下関の春帆楼で開かれた。

清国側からは李鴻章、日本側からは伊藤博文と陸奥宗光が全権として臨み、条約は四月に締結される。

孫文が第一回の広州武装蜂起に踏み切るのは、その年の一〇月である。

下関の日清講和記念館（昭和一二年六月開館）には、春帆楼の講和会議室が再現され、実際に当時使用された椅子やフランス製ストーブなどを見ることができる。

日清講和記念館

記念館内部に再現された会議室（2022 年 3 月）

日清戦争と軍馬塚

朝鮮開化派の金玉均が上海で暗殺されたのが明治二七（一八九四）年三月二八日だった。金は明治一七年一一月に漢城（現、ソウル）での甲申事変を首謀した一人だ。日本の明治維新に倣って朝鮮を開国し、親日派政権樹立するクーデターを試みたが失敗し、日本に亡命。頭山満や杉山茂丸ら玄洋社系人脈の庇護を受けていた。

そこで前出の暗殺事件が発生し、清国の仕業と睨んだ国士たちが日清開戦を主唱しはじめる。玄洋社の的野半介と参謀本部次長の川上操六が密談した直後、朝鮮で東学党が蜂起。このタイミングで玄洋社人脈が動き出す。その舞台も関門海峡だった。

まずは黒龍会の内田良平が筑豊の赤池炭鉱からダイナマイトを入手して門司港の石田旅館に入り、玄洋社の大崎正吉や大原義剛・鈴木天眼（二六新報主筆）らと合流した。つづけて対岸の下関から朝鮮釜山に向かい、五月初旬に天祐俠を名乗って東学党と共に暴れまわるのである。

李朝体制を支えていた両班は東学党を鎮圧できず、清国に援軍を要請。日本と清国は八月一日に宣戦布告して、日清戦争へ突入した。

実は、この戦争は関門地域を活性化させていく。

下関では唐戸中川の河口の唐戸湾一帯の埋め立てがはじまる。亀山八幡宮周辺の唐戸町一帯は、このころから輪郭をみせはじめるのだ。

一方で、門司港では石炭取引所の発起人総会が開かれ、翌明治二八年二月の創立総会となる。

ところで戦争が終わり、旅順から戻る途中の門司丸が下関沖で衝突事故を起こした。その結果、乗っていた五八頭の軍馬も犠牲となる（明治二八年七月三日付『門司新報』）。この五八頭の軍馬を慰霊する「軍馬塚」が、門司区清見の正蓮寺に残っている。

正蓮寺の軍馬塚（2023 年 9 月）

「八幡製鉄所」誕生秘話

日清講和条約（下関条約）で約束されたのは、以下の(1)-(4)であった。

(1) 朝鮮の独立を清国が承認。
(2) 遼東半島、台湾、澎湖島を割譲し、日本が領有。
(3) 清国の賠償金は二億両（テール）。
(4) 沙市、重慶、蘇州、杭州の開市と開港。欧米と同じ通商特権の獲得。

このうち(3)の一部を使い、明治三四（一九〇一）年に第一高炉に火が入る官営八幡製鉄所が建設される。

製鉄所建設の議論は第一次松方正義内閣で明治二四年にはじまっていた。これが明治二八年一二月の第二次伊藤博文内閣での「製鉄所設立予算案」で具体化されて、広島県の呉、北九州の大里「柳ケ浦」と八幡の三ヶ所に候補地が絞られた。

その後、明治二九年四月に農商務省次官の金子賢太郎が九州入りして、旧知の玄洋社初代社長だった平岡浩太郎や同社社員の安川敬一郎らと相談。建設地を「中原ノ野原」（現、戸畑区中原）に決めたのである（『井上馨開明的ナショナリズム』）。

旧官営八幡製鉄所
「東田第一高炉跡」
（2011 年 8 月）

金子は明治三〇年三月に農商務大臣を辞任した榎本武揚と行動を共にして下野。杉山茂丸を製鉄所建設に向けた資料収集のため、アメリカに送り出す。藤田伝三郎が工面した三〇〇〇円を旅費に、杉山が第一回目の渡米をしたのが明治三〇年九月。一一月に帰国し、入手資料を金子に渡し、八幡製鉄所の誕生につながるのだ（『杉山茂丸伝　アジア連邦の夢』）。

明治 33（1900）年の建設中の八幡製鉄所
東田第一高炉前での記念撮影
（部分・新日鐵住金㈱八幡製鐵所提供）

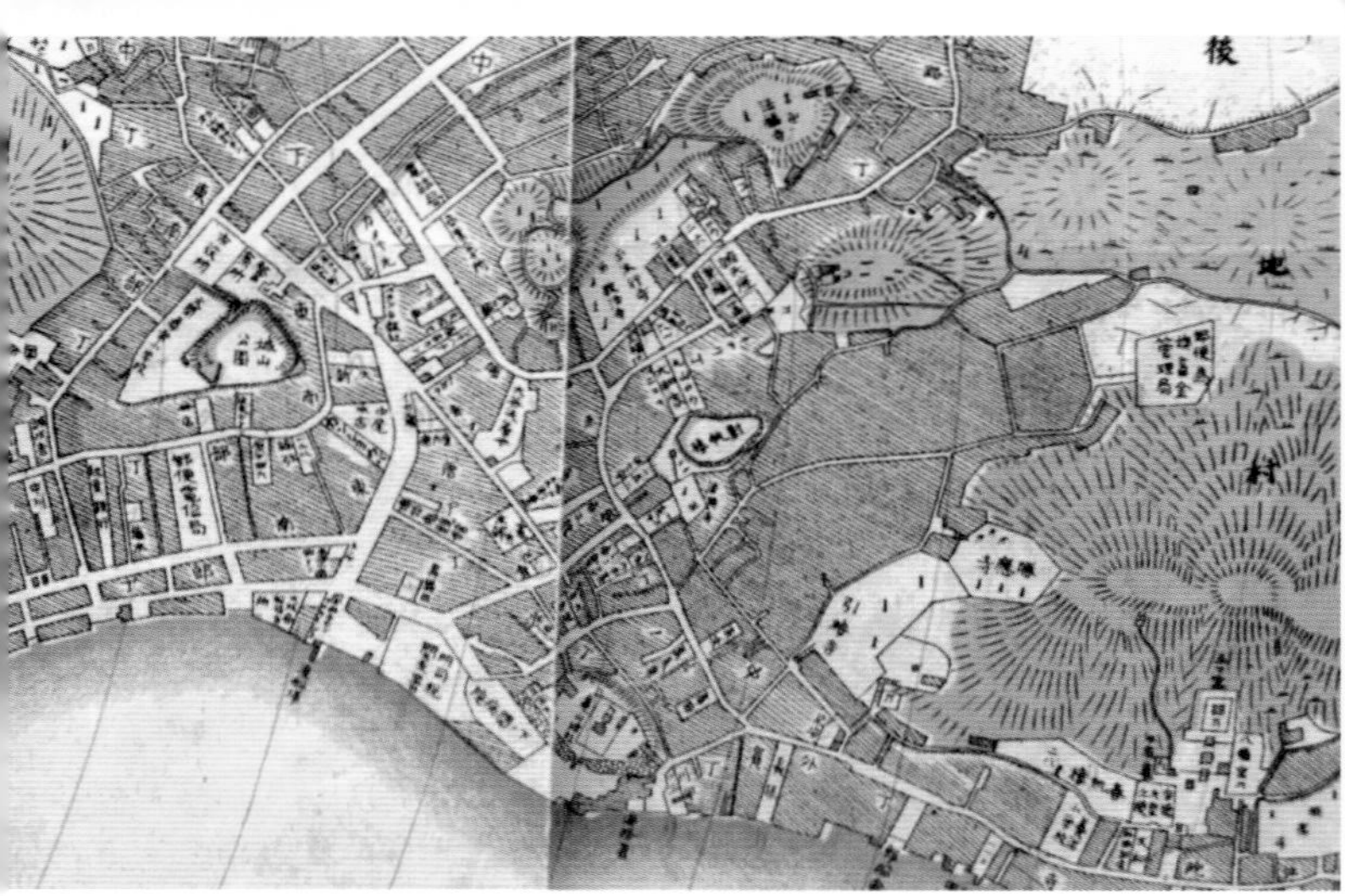

「二つの港」の地図

❖ 門司市街旅客案内図

赤間関市赤間町に住んでいた大河内亀松（山形県旧士族）が製図した「門司市街旅客案内図」は明治三二（一八九九）年一一月に発行されていた。門司市になった時代の地図である。

今も残る「第一船溜」が描かれ、水面に「陸軍兵器本廠荷揚場」が見える。なるほど、軍港の風情が漂う。

船溜の開口部北東側の岸壁には「税関所」や「三菱合資会社」が並ぶ。南西側に「大阪商船会社」、さらに南西が桟橋通りだ。内陸に向かい「住友銀行」を越えると「停車場」（現、門司港駅）も見える。つづいて「警察署」と「市役所」が隣接する。現在の門司港郵便局の場所に「郵便電信局」や「日本貿易銀行」も確認できる。

「門司市街図旅客案内図〔部分〕」明治 32 年（国際日本文化研究センター蔵）

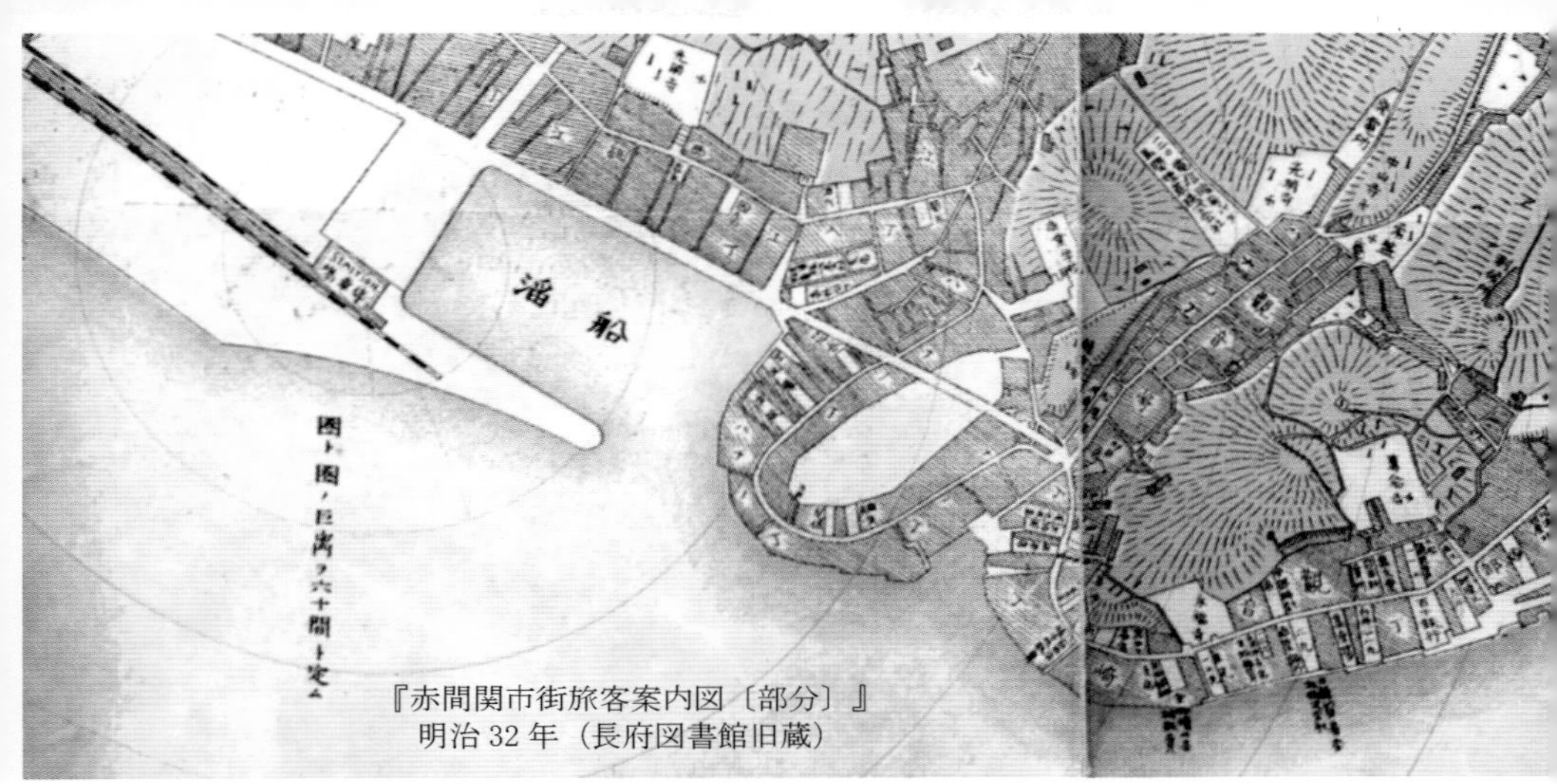

『赤間関市街旅客案内図〔部分〕』
明治32年（長府図書館旧蔵）

そして道を挟んだ向かいに「百三十銀行」や「三井銀行」、すぐ近くに「日本銀行」があり、金融市場として発展していた様子もうかがえる。

❖赤間関市街旅客案内図

同じく明治三二年に大河内亀松が製図した「赤間関市街旅客案内図」を見ておこう。

現在、下関市歴市立歴史博物館が所蔵するそれは、明治三五年一〇月に再版されたものだ。下関の市制施行が明治二二年なので、門司市制施行時に作られた「門司市街旅客案内図」とセットなのだろう。

地図は西から東に向かって「停車場」（現、下関駅）、「船溜」（現、細江町二-三丁目一帯）。専念寺の周辺が「観音崎」と呼ばれ、海に突き出す。

その海岸沿いに「百十銀行」（山口銀行の前身）があり、東に秋田又次郎が営む廻船業の「肥後又」（巴組肥後又回漕店）、さらに東に「三井銀行」と「郵便電信局」。そこには翌明治三三年に現在の南部町郵便局が新築される。つづけて東に進むと「門司税関支署」、「亀山神社」。神社前は海だが、現在は埋め立てられ（昭和八年）、国道九号線が通っている。

その東には「赤マ堂」こと、今の赤間神宮が鎮座する。隣接して「春帆楼」も確認できる。

明治四二年刊の『関西十県　教育視察管見（前編）』は、工場が多い門司港側を「仕事場」、花街で栄えた下関港側を「遊楽場」と解説している。

森鷗外と門司港

代々、津和野藩の典医だった家に生まれた森鷗外は、後に小説家として有名になった。

森鷗外が陸軍第一二師団の軍医部長として門司港に降り立ったのが明治三二（一八九九）年六月一九日のことだ（『小倉日記』）。間もなく赴任地の小倉に向かうが、このとき見た景色を小説「鶏」に書いていた。

「汽車の窓からは、崖の上にぴつしり立て並べてある小家が見へる。どの家も戸を開け放して、女や子供が殆ど裸でゐる。中には丁度朝飯を食つてゐる家もある。仲為のやうな為事をする労働者の家だと士官が話して聞せた」

（『鷗外近代小説集　第二巻』）

小倉に居を構えた鷗外のもとに、六月二一日に下関から第一二師団参謀長の山根武亮〔※〕が会いに来た。山根は大正一三（一九二四）年七月に創立される山陽電軌の初代社長となる人物でもある。

二三日には、鷗外の方から山根を訪ね、二人で明治三〇（一八九七）年から長府に隠棲している画家の高島北海の絵を見学する（『小倉日記』）。

現在、北九州市小倉北区鍛冶町一丁目には、小倉時代の鷗外の旧居が修復され、「北九州市指定文化財」として一般公開されている。

〔※〕山根武亮は長州藩士・山根修平の二男。嘉永六（一八五三）年に萩に誕生。明治三一（一八九八）年一〇月から第一二師団参謀長、明治三九年六月に下関要塞司令官を歴任した（『日本陸海軍総合事典』）。

鹿児島本線（旧九州鉄道）沿いの風師山麓には、現在も家が密集する（2022年4月）

北九州市指定文化財「史蹟　森鷗外旧居」（2022年4月）

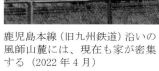

門司港に向かう人々

門司港は満洲に似て、各地からの移住者たちが家郷とした人工的な都市（国際貿易港）だった。出光佐三、中野真吾らと、後に「門司の三羽ガラス」と称される久野勘助の一家もまた、山口県徳山村から入っていた。

勘助の父・久野道右衛門は天保一三（一八四二）年に徳山で生まれた。勘助の母・タケも徳山出身で、両親に連れられて門司港に来たのは、明治二八（一八九五）年のことである。

勘助には徳山の野村家に嫁した姉の京がいた（血のつながる筆者の曾祖母）。明治三四（一九〇一）年八月一三日に撮られた写真には「門司港米田謹写」と刻印され、京と長女のミツエ、長男の一男の三人が収まる。

不治の病「結核」だった京は、死ぬ前に幼子たちを久野一家に会わせに来ていたのである。遺書には「久野ぢいさん」こと、久野道右衛門に「おとなしく御つかへ」しなさいと書いてある。享年は「明治三十五年二月十四日」（過去帖）なので、半年後に世を去っていた。

こうして祖母ミツエ（明治三〇年生まれ）は、五歳から門司港の久野家で一〇歳上の勘助と兄妹のように育てられた。祖母は久野家で日露戦争と第一次世界大戦を経験したが、楽しいことばかりだったと話していた。勘助の妻ハルの弟が昭和五（一九三〇）年に朝日広告社を創業した眞鍋真さんだった。眞鍋家は愛媛県今治の産と聞く。昭和四二年に他界した門司市民会館での勘助の葬儀写真（祖母の遺品）の裏には、「朝日広告社」の印が捺してある。

明治34（1901）年8月13日に門司港で写した写真（野村京〔旧姓久野京〕と長女・野村ミツエと長男・野村一男）

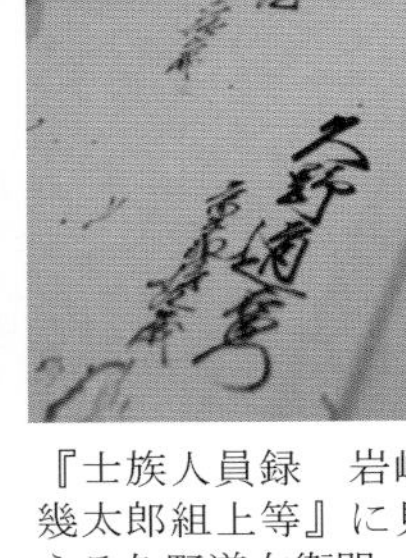

『士族人員録　岩崎幾太郎組上等』に見える久野道右衛門（山口県文書館蔵・徳山毛利家来分限帳36）

馬関停車場と山陽ホテル

神戸と下関（馬関）を結ぶ山陽鉄道の終着駅「馬関停車場」が開業したのが明治三四（一九〇一）年五月である。これが現在の下関駅だ。

対する門司港側で最初の「門司駅（現、門司港駅）は明治二四（一八九一）年四月に開業していた。築港工事と並行して九州鉄道の敷設が進み、駅舎も一足早く出来ていた。

現在のネオ・ルネサンス風の門司港駅は、第一世界大戦勃発直前の大正三（一九一四）年一月に竣工した二代目駅舎である（同年一月三〇日付『馬関毎日新聞』）。

初代の山陽ホテル（大正２年刊『関門錦苑』）

下関側では、「馬関停車場」の開業から一年半が過ぎた明治三五年一一月に、山陽ホテルが隣接して開業した。鉄道が経営した日本最初のホテルである。その跡地は、下関警察署と道路を挟んだ向かい側で、歩道に「山陽ホテル跡」の記念碑が建つ。

山陽ホテル跡の記念碑（2016 年）

初代の山陽ホテルは大正一一（一九二二）年七月に火災で全焼した（同年七月二七日付『読売新聞』）。だが、大正一三（一九二四）年四月に地上三階、地下一階の鉄筋コンクリート造りで再建されている。

この二代目の山陽ホテルも、大東亜戦争（太平洋戦争）の空襲被害を受け、戦後は改修されて国鉄事務所として使われたが、平成二三（二〇一一）年一月に解体されてしまった。

門司倶楽部

門司港に近い清滝公園の入り口に、地元財界の社交場「門司倶楽部」が明治三六（一九〇三）年一〇月一日に開館した。当日は会長の安川敬一郎以下、六〇名余りが参集した（一〇月二日付『門司新報』）。

建物は辰野金吾設計というだけあって、お得意のフリー・クラシック様式であった。しかしながら大東亜戦争（太平洋戦争）の敗戦により、米軍に建物が接収された。

その後、門司市長になった柳田桃太郎が、旧満州国時代の部下・樊慶文（はんけいぶん・明治三七年大連生まれ）に建物を譲り、昭和二八（一九五三）年から中華料理店となる。これが昭和四五（一九七〇）年に老朽化で取り壊され、今は少し下に降りた場所（門司税務署と掖済会門司病院新館の間の道路を上ったところ）で「門司倶楽部」の看板を掲げた中華料理店だけが続く。

門司倶楽部の必要性は早くも明治三三（一九〇〇）年五月には表面化していた。同年五月一六日付の『福岡日日新聞』は建設地を、「清瀧公園に決すべき多数の意向」と報じている。

以後、明治三四（一九〇一）年二月に基礎工事に着工（同年二月一三日付同紙）、同三六年一月に上棟式（同年一月一七日付同紙）と続き、一〇月に開館したのである。運営は筑豊工業組合、門司石炭商組合、西部銀行集会所、九州鉄道㈱の四団体が行った（明治三六年九月一日付『門司新報』）。

門司倶楽部（大正２年『関門錦苑』）

翻弄された英国領事館

明治三九（一九〇六）年一二月に、赤レンガ造り二階建ての英国領事館が下関に完成した。国道九号線を隔てて下関グランドホテルの向かい側に建つ旧英国領事館が、それである。

設計者は英国政府工務局上海事務所建築技師長のウィリアム・コーワン。日本に現存する最古の領事館建物として知られる。一階の展示室には、当時の赤レンガ（大阪の岸和田煉瓦株式会社製）が展示されている。

実は最初の建物は現在地に近い「赤間町二六番地」に、五年前の明治三四（一九〇一）年九月に開設されていた（『重要文化財　旧下関英国領事館本館ほか2棟　保存修理工事報告書』）。

唐戸海岸は日清戦争開戦期から埋立てがはじまり（五四頁参照）、明治二九（一八九六）年一一月に一応の完成を見せた。そこに建てられた最初の英国領事館が、日露戦争後に少し移動して、赤レンガの立派な外観でリニューアルされたわけである。

一方で、門司港レトロ地区の第一船溜近くの白亜の「ホーム・リンガ商会」の建物が、戦後の一時期、英国領事館になっていた。昭和二六（一九五一）年一二月に八幡市で開催された「九州五市市長・市議会議長・商工会議所会頭よりなる会議」で、北九州側が誘致運動をはじめた結果である（門司図書館蔵『英国領事館誘致一件』）。

関門海峡の両地域の綱引きの中で、英国領事館も翻弄されていたのだ。

左・門司港のホーム・リンガ商会（戦争後は、こちらに旧英国領事館機能が移転された・2022年4月）

右・竣工時（明治39年）の下関の英国領事館の全景（『重要文化財　旧下関英国領事館本館ほか2棟　保存修理工事報告書』）

林芙美子の「二つの」故郷

明治三六（一九〇三）一二月三日に生まれた作家の林芙美子（本名・フミコ）は、『放浪記』で下関生誕説を自称していた。このため田中町の五穀神社の入口に、生誕地碑が建つ。

一方で、北九州市の開業医・井上貞邦氏は『二人の生涯』（筆名・井上隆晴）で門司市小森江誕生説を唱えた。

そちらは「神戸製鋼所門司工場校内の同工場プール」の場所にあったブリキ屋（小森江五五五番地）が生誕地とのこと。今の小森江二丁目三番地のトヨタカローラ博多㈱小森江店の界隈らしい。そこから山手に登った門司総合特別支援学校に隣接して生誕地碑が建つ。

門司港レトロの「旧門司三井倶楽部」の「林芙美子記念室」には、明治四四年一月から大正三（一九一四）年一〇月まで「名池尋常小学校」（現、下関市立名池小学校）に在籍した芙美子の学籍簿が展示されている。

父の宮田麻太郎が日露戦争期に豊前田で「軍人屋」という店を開いており、芙美子は自身の記憶から下関を出生地と仮定した雰囲気が伺える。

面白いことに日露戦争後は、芙美子に限らず関門地域に文人の卵たちが暮らしていた。松本清張は一歳だった明治四三年から八歳になる大正五年まで下関にいた。金子みすゞが二〇歳の大正一二年から二六歳で自殺する昭和五年まで、五一二編の詩を作ったのも下関である。

下関市田中町の「林芙美子生誕地碑」（2022 年 4 月）

門司区羽山の「林芙美子生誕地記念文学碑」（2022 年 4 月）

下関と関釜連絡船

下関と朝鮮半島を結ぶ航路の歴史は古い。大阪商船は明治二六（一八九三）年に「大阪―神戸―下関―釜山―木浦―仁川」（大阪仁川線）を開拓した。

しかし本格的には山陽鉄道が明治三八年九月に開設した関釜連絡船よってもたらされる。

ＪＲ下関駅近くの「海峡ゆめ広場」の壁面には、以下の説明が見える。

「下関鉄道さん橋は　明治三十四年五月の関門航路　同三十八年九月の関釜航路開設に伴つて　大正三年七月に本格的な岸壁を築造　その歴史的第一歩を印した」（「準鉄道記念物　関釜　関門航路　下関鉄道さん橋跡」）

最初の〈関門航路〉は下関駅開業時に門司港と結んだ関門連絡船である。つづいて日露戦争後の明治三八年九月に釜山と結ぶ〈関釜航路〉の関釜連絡船が開拓されたのだ。

朝鮮半島側では同年一月に京釜鉄道が開通したので、関釜連絡船の就航で日本と連結された。さらに明治四三年の日韓併合により一体化する。

下関駅前の「グリーンモール」は戦後のコリアタウンだ。奥に進むと長崎町や西神田町、在日大韓基督教下関教会のある東神田町、朝鮮初中級学校のある神田町、そして中央町にかけて朝鮮人居住地が広がる。神田町には内鮮融和施設として昭和三年に「昭和館」が建設されていた（長崎町を除く四町は、昭和四四年まで大坪町）。

歴史的な多文化共生地域である。

関釜連絡船の記念碑「下関鉄道さん橋跡」（海峡ゆめ広場・2016 年 6 月）

門司港と大連航路

赤間神宮の上方に大連神社が鎮座している。創建は、日露戦争後に手に入れた関東州のダルニー（大連）に、出雲大社教大連分祠を建てる工事が着工された明治四〇（一九〇七）年にさかのぼる。その後、社殿が完成。明治四三年に大連神社と改称して植民地神社となる（『大連神社創立誌　全』）。

しかし昭和二〇（一九四五）年八月の敗戦により、二代目宮司の水野久直が、ご神体を背負って引き揚げる。久直宮司は昭和二三年に赤間神宮の宮司に就任。長府の貝島太市邸の日の本神社の社殿を譲り受け、昭和五五年に大連神社を現在地に復元した。

これに対して門司港側の日露戦争記憶遺産は、昭和四年に竣工した「旧大連航路上屋」であろう。関門海峡ミュージアム（海峡ドラマシップ）の向かいの鉄筋コンクリート二階の建屋だ。

こちらは明治三九年に大連へ渡航する大連航路を大阪商船が開拓したことで利用客が急増し、大きな建屋が必要になった結果だった。

巨大な「旧大連航路上屋」は、かつては海岸近くに位置し、すぐ近くに大型船が接岸していたという。

もうひとつの逸話は、明治三八年一月一〇日付の『門司新報』が伝えた「大里収容の捕虜」の記事が面白い。大里にはロシア兵を二〇〇〇名収容できる捕虜収容所があって（場所は不明）、シベリア祖撃隊をはじめとする九八〇名を収容していた。

大連神社（2016 年 5 月）

旧大連航路上屋の昔の入り口（2016 年 6 月）

バナナの叩き売り

門司港駅の噴水広場の片隅に「バナナの叩き売り発祥の地」の碑が建つ。群芳閣（門司区港町）の前にあった碑を移設したものだ。

バナナ輸入のはじまりは台湾の大阪商船基隆（キールン）支店が、神戸港に向けて明治三六（一九〇三）年に出荷したときといわれている（『バナナの経済学』）。

大阪商船は明治三〇年六月に、また日本郵船は明治三六年八月に門司支店を開設していた。内地向けにバナナが商品化されたのは日露戦争後の明治四一年頃（『台湾に於けるバナナ沿革史』）で、同年一一月に開通した台湾鉄道の影響がある。基隆から積み出されたバナナは大阪、門司、下関、横浜に運ばれていた。

門司港に荷揚げされたバナナは桟橋通で叩き売りされた。同様に下関でも明治末に、早くも亀山八幡宮の石段下にバナナ市場があったといわれている（『地域文化研究第七号』）。実際、明治四一年刊行の若山牧水の歌集『海の聲』には、〈桃柑子芭蕉の実売る磯街の露店の油煙青海にゆく〉（下の関にて）の歌が見える。「芭蕉の実」は「バナナ」のことだ。

明治四〇年の夏には与謝野鉄幹、木下杢太郎、北原白秋、平野萬里、吉井勇が訪れ、『五足の靴』で門司港のセメント工場が勇壮に「灰褐色の煙」を吐き出す姿や、海峡を通る「四五千噸の汽船」などを活写している。

バナナの叩き売りも、活気に満ちた海峡の、風物詩だったのである。

上・門司港駅前の「バナナの叩き売り発祥の地」碑（2023年11月）

下・昭和期の門司港でのバナナの露店商風景（門司図書館新門司分館蔵『門司写真集〔昭和編〕』）

松本清張と海峡

松本清張は明治四二（一九〇九）年二月に広島市で生まれ、両親が北九州の小倉に移転後に出生届を出した。それで一二月に小倉で生まれたことになったらしい（『清張とその時代』）。

翌年（明治四三年）には祖父母が餅屋を営む下関の壇ノ浦に再移転。「すぐ裏が関門海峡のいちばん狭まった早鞆の瀬戸で、まむかいの門司側和布刈神社との間は渦の巻く海がある」と『骨壺の風景』に書いている。

そこはみもすそ川公園となり、文学碑の中央の穴から対岸が覗ける。碑には、「家の裏にでると、渦潮の巻く瀬戸を船が上下した。対岸の目と鼻の先には和布刈神社があった…」（『半生の記』）と刻まれている。

鉄道工事で家の前の山が崩れ、大正二（一九一三）年に田中町に移転。同九年に再び小倉に移り、古船場の銭湯「亀井風呂」の持ち家に住む。大正一三年、一五歳の清張は川北電機小倉出張所の給仕となる。だが、高崎印刷所の見習工になった翌年（昭和四（一九二九））に特高警察に捕まった。

釈放後の昭和一四年に朝日新聞九州支社広告課の常勤嘱託、翌一五年に雇員となる。作家デビューは『週刊朝日』の募集で昭和二五年に「西郷札」が入選したときで、同二八年に『或る「小倉日記」伝』で芥川賞を受賞した。

北九州側には松本清張記念館が建ち、門司の和布刈神社に「時間の習俗」の一文を刻む文学碑が建っている。

みもすそ川公園の清張文学碑（2023 年 9 月）
円内・朝日新聞社時代の松本清張

和布刈神社の清張文学碑
（2023 年 9 月）

清張旧宅跡と作家誕生秘話

松本清張の『半生の記』は、『文藝』の昭和三八（一九六三）年八月号からの連載「回想的自叙伝」がもとである。

「その頃、小倉に東洋陶器というコーヒー茶碗や洋食皿を造っている会社があり、そこの職工で私と同級生の男がいた。その男の伝手で私よりは十ぐらい上のHという職工と知り合いになった。この男も文学青年で、小説は書かないが、みずから詩人と称していた」（「回想的自叙伝4　途上」）

だが清張は、「書くのではなかったと後悔した」と、『半生の記』の「あとがき」に書いている。文学仲間「H」の「妹」が、初恋相手と明かすことになったからであろう。

「H」の本名は林武夫（明治三三年生まれ）。彼の妹・豊子が初恋相手だ。豊子は筆者の伯母・堀朋子（昭和五年・小倉生まれ）の叔母（母の妹）になる。正確には、豊子の姉ハル子の夫が林武夫で、全員が『半生の記』に登場する。

その後、豊子は別の男性と結婚した。清張は失恋の傷を癒すように佐賀県出身の内田ナヲ（直子）と身を固めるが、豊子はすぐに未亡人となる。そして戦後、復員した清張は、豊子の家を度々訪れて『或る「小倉日記」伝』の下書きを書くのである。密会場所は北九州市小倉北区黒住町の清張の旧宅近くの、同じく陸軍造兵廠小倉工廠の職員社宅だった。清張が華々しく作家になるのは、その直後だった。

清張旧宅（黒住町16－14）を保存する動きがあったが、ナヲ夫人の強い反対で保存されなかったと聞く。後に豊子が初恋相手と知った郷原宏さん（当時、読売新聞記者）は、病床にあった晩年の豊子を取材した。だが豊子は何も明かさず、平成一二（二〇〇〇）年に八四歳で世を去った。

上左・松本清張旧宅保存運動中の案内表示（2012年10月）
上右・清張の思い出を語る堀豊さんと朋子夫人（宇部市上宇部の自宅・2006年11月）

今はなき松本清張旧宅（小倉・2012年10月）

出光商会の創業

出光佐三は明治一八（一八八五）年に福岡県宗像郡赤間村に生まれた。その後、神戸高商（現、神戸大学）を卒業。酒井商会で修業した後、門司市東本町一丁目に出光商会を開いたのが明治四四（一九一一）年六月二〇日だった（現在、小松医院前の道沿いに「出光商会創業の地」のプレートが設置）。

会社は間もなく二丁目に移転。当初は「ビリケン」（米国で流行っていた尖った頭に眉毛と目がつりあがったビリケン人形）の図柄を商標とし、石油・潤滑油などを販売した。

第一の飛躍は大正に入ってすぐ、関門海峡で創業する漁船に燃料油を売り込んだときだった。このとき日本石油特約店側からクレームが入るが、海に境界はあるまいと、船による燃料販売を押し切り、「海賊」と呼ばれるようになった。

第二の飛躍は大正三（一九一四）年に満鉄（南満州鉄道）に機械油を売り込み、成功を収めたときである。大正六年に下関支店を開設。昭和一四（一九三九）年には中華出光興産㈱と満洲出光興産㈱を設立。昭和一五年に至って出光興産㈱を東京に開いた。

ところが敗戦により、社員が引き揚げる。一〇〇〇人いた従業員のうち、八五〇人が海外駐留者だったが、一人もクビにせず、「人間尊重」を合言葉に、戦後の再出発に成功した。

門司港レトロ地区の出光美術館（門司区東港町）に展示されている従業員への手紙には、「復帰する全員を全部収容する」と書いてある。

出光佐三
（『創業五十周年記念写真帖』）

東本町2丁目の出光商会初荷風景（大正8年・『出光100年史』）

「二つの」路面電車

明治四四（一九〇一）年六月八日に九州電気軌道㈱の大蔵（現、八幡東区大蔵）―門司（東本町）間は開通した（九日付『門司新報』）。当時のパンフ『九州電気軌道株式会社』の線路図には東本町、鎮西橋、桟橋通、広石、白木崎、葛葉、小森江、大里、新町の駅名が並ぶ。映画『海賊と呼ばれた男』でも出光商会（映画では「国岡商店」）の前を、この路面電車が走っていた。

往時の電車（一〇〇型車両・昭和一五年製造）は「門司港レトロ駐車場」の入口に展示されている。

一方の下関側では、大正一一（一九二二）年四月に旧長州藩士の山根武亮と鈴木商店が、現在のＪＲ長府駅付近から彦島の西山まで路面電車を通す敷設特許を申請した。林平四郎や秋田商会の秋田寅之介ら四六名が発起人で、渡邊祐策、藤本閑作、高良宗七ら宇部の炭鉱主たちも名を連ねた。林平四郎と渡邊は政友会つながりで、後に宇部興産と神戸製鋼と関係が強まったのも、このとき以来の交流からという（『田宮嘉右衛門伝』）。

創立総会は大正一三年七月に下関商業会議所で開かれ、社長に山根武亮、専務に林平四郎、常務に中司文次郎が就任した（『サンデン交通八〇年史』）。こうして大正一五年一二月に、長府の松原（現、長府庭園近く）から壇ノ浦まで電車八両が走るのである。

長府中学校（当時）の裏山に小動物園など「外浦遊園地」が造られ、現在、神戸製鋼所長府製造所のある埋立地に長府野球場が昭和四年に、長府楽園地が昭和七年に開設された。いずれも林平四郎の経営のもとで実現されたものだ（『林平四郎伝・資料編』）。

門司港レトロ地区に展示されている路面電車（2022年3月）

「吉田初三郎筆　長府鳥瞰図」。手前左が長府野球場。その右が楽園地（部分・下関市立歴史博物館蔵）

門司港と辛亥革命

大正一四（一九二五）年に『海峡大観』を刊行した中野金次郎は、明治一五（一八八二）年に現在の北九州市若松区藤木で生まれていた。明治三〇年に筑豊鉄道に就職後、日露戦争が勃発。間もなく巴組肥後又回漕店を経営する父の弟・秋田又次郎から、門司の出張所を任される。以後、海運業に従事した（『中野金次郎傳』）。

その延長線上に、神戸の三上回漕店の店主（三上豊夷）から、「孫文から武器弾薬の類を送ってくれと日本へ頼んで来ている」と辛亥革命（明治四四年一〇月）への協力要請が届く。

こうして門司港に武器類が集まる。

「革命軍への武器密輸は門司港だけに限られ、日本各地からどんどん送られてきた。ほとんどが廃品に近い旧式の銃で要塞からとりはずした大砲もあった。廃品扱いで波止場に山とつまれハシケに満載されたが、これを監視するため中国政府（袁世凱）軍の密偵なども出没し、ちょっとした〝上海〟のような感じだった」（『港と歩んだ七〇年』）

中野金次郎は玄洋社の萱野長知の指示に従い、名古屋の第三師団の銃や銃弾を三上が手配した汽船・幸運丸に積み込んだ。そして香港に近い海洲に入港して陸揚げしたところで清朝の官憲に見つかり、慌てて香港に向かうのだ。

つづいて香港では石炭五〇〇トンを積んで、門司港に逃げ帰る。結局、武器は孫文には届かなかったが、関門地域が辛亥革命とつながる海峡だったことは、歴史的にも興味深いことである。

左・戦前の門司港第一船溜（「絵葉書「門司十二景」）
右・孫文（『孫文先生と日本関係画史』（昭和 40 年刊）

安川敬一郎と孫文

明治・大正期に石炭関連企業を北九州で次々と創業した安川敬一郎も孫文の支援者として知られていた。

戸畑区一枝の「旧安川邸」（北九州市指定有形文化財）は、安川が明治四五（一九一二）年に若松から移転して建設した私邸である。大正二（一九一三）年に、孫文はここに滞在して「世界平和」の書を揮毫している。そのレプリカが大座敷の棟に飾ってある。

敷地内には、同じく明治四五年に建設された南蔵と北蔵が残る。ここは安川家の事業を学べるスペースだ。

安川は嘉永二（一八四九）年に福岡藩士・徳永省易の四男として生まれ、安川家の養子になっていた。以後、明治一〇年に遠賀郡芦屋町に「安川商店」を開業、石炭販売をはじめる。そして明治二二年に玄洋社の同胞であった平岡浩太郎と赤池炭鉱を経営して、玄洋社の運転資金を作った。

本章「〈八幡製鉄所〉誕生秘話」で見たように、若松時代は八幡製鉄の誘致を北九州側から主導した。そして日露戦争後は明治紡績、安川電機、九州製鋼、黒崎窯業を創設して戸畑に移転し、地方財閥として大成する。

近くの九州工業大学も、明治四二年に安川が創立した明治専門学校が母体である。

安川一族の足跡は北九州の工業と文化の礎の軌跡でもある。

大正2（1913）年3月に孫文が安川邸に滞在した際に揮ごうした「世界平和」の書（レプリカ）

安川敬一郎（「旧安川邸」蔵）

「旧安川邸」の大座敷棟（2023年11月）

第6章　近代の膨張〈大正篇〉

長府苑西洋館〔1980 年 2 月〕
（下関市立図書館蔵『三菱重工業下関造船所　長府苑　西洋館』）

第一次世界大戦の好景気

第一次世界大戦は、大正三（一九一四）年六月にボスニアのサラエボで、オーストリア皇太子がセルビア人に暗殺されたことで七月に幕を開けた。以後、オーストリアにドイツとイタリアが加担。セルビアにはロシア、フランス、イギリスが加わる。デモクラシー（民主主義）対オートクラシー（専制主義）の戦いだった。

日本は日英同盟の関係から八月二三日にドイツに宣戦布告した。とはいえ青島で少しドイツ軍と戦った程度で、むしろ関門地域に戦争景気が訪れた。大正四年刊の『門司市勢要覧』には活気ある門司港風景が見える。

第一次世界大戦期の門司港（大正４年刊『門司市勢要覧』）

門司側では大里本町三丁目に門司麦酒煉瓦館が大正二年に竣工。明治四五（一九一二）年に鈴木商店が創業した帝国麦酒株式会社（サクラビールの製造元）の建物である。同じく大里製糖所（明治三六年創業）や大里製粉所（明治四三年創業）も鈴木王国の屋台骨を支え、戦争と共に成長した。

下関側では赤間神宮と亀山八幡宮の間（国道九号線沿い）に「旧内務省下関土木出張所下関機械工場乾船渠」（「旧四建ドック」）が大正三（一九一四）年一〇月に完成した（現在は埋められた）。南部町の秋田商会ビルは大正四（一九一五）年に出来ている。

鈴木商店は大正五（一九一六）年四月に、鉛を精錬する「日本金属株式会社彦島精錬所」を彦島に創設してもいた（『郷土読本　栄える彦島』）。

旧秋田商会ビル（右・1915 年竣工・下関）

門司麦酒煉瓦館（1913 年竣工・門司）

一次大戦期のレトロ建築〈写真帖〉

門司港駅（2 代目駅舎・1914 年竣工・門司）

旧四建ドック（1914 年竣工・下関）

大阪商船ビル（1917 年竣工・門司）

孫文と田中隆

下関市長府黒門東町に、製氷業と海運業で財を築いた下関の豪商・田中隆の邸宅「長府苑」が残る。現存するのは築百年以上の日本家屋と西洋館、それらを囲む庭園と緑地、約四五〇〇坪。レンガ造りの西洋館は一階の外壁と床を残すのみだが、緑に囲まれるノスタルジックな外観だ。田中は、大アジア主義を掲げた中国の革命家・孫文の支援者でもあり、その生涯は直木賞作家・古川薫氏の『海と西洋館』に詳しい。

田中が孫文と出会ったのは、日本に亡命した孫文が東京で革命党を結成した大正三（一九一四）年ころだった。二人をつないだのは田中と同じ三井物産出身で満鉄理事も務めた犬塚信太郎である。

同じく孫文を助けた大陸浪人の山田純三郎によると、犬塚が自身の満鉄の退職金七万円を提供し、このとき田中や相生由太郎、貝島太市からも各三万円、他の友人からも集めて、計三〇万円を孫文へ提供した。

一説によると、田中はその後も計三〇〇万円もの資金を援助し、所有している船舶も孫文に提供したという。

その後、孫文は第三次革命に敗れ、大正七年六月に下関に立ち寄った際に、自書の「至誠感神」の軸と、「蓮の実四個」とを謝意の印として田中に贈った。中国では蓮は君子の象徴として尊まれ、その高潔さのシンボルである実を贈る習慣は、清き君子の交わりを結ぶ印であった。

同年六月一一日付の『関門日日新聞』には、赤間神宮近くの大吉楼で孫文、胡漢民、田中の三人が座した写真が載っている。

田中隆（平成 10 年 9 月号『ももんが』「続田中隆行追悼特集」）

〈田中隆略歴〉
慶応 2（1866）年、長崎県生まれ。明治 16（1883）年、田中家の養子。商船学校機械科卒、三井物産入社。明治 44（1911）年、東洋製氷株式会社創業。大正 2（1913）年、田隆汽船合資会社創業

長府苑

長府苑の日本家屋前に立つ山上直人さん（2023 年 11 月）

長府苑の廊下

長府苑の格子窓

長府苑の玄関

下関市役所都市整備部次長　山上直人さん談

長府苑は地元でも知る人ぞ知る存在で、令和四（二〇二二）年末、長府苑が売却されるという話があり、市では宅地化を懸念し、すぐに取得に動きました。西洋館は、本場イギリスから取り寄せたレンガ造りで、国内に優れた建築を多数残しているアレキサンダー・ネルソン・ハンセルの設計。日本家屋の縁側からは、庭園中央の大きな山桜と紅葉の大木を望むことができます。

長府は、古くは長門国府や長門二宮（現在の忌宮神社）の門前町として発展し、その後、長府藩の城下町として栄え、今に至る千年以上の歴史を持つ地区です。長府苑と隣の長府庭園や美術館と合わせて、長府のまちをゆっくりと楽しんで頂きたいです。

長府苑の西洋館跡（2023 年 11 月）

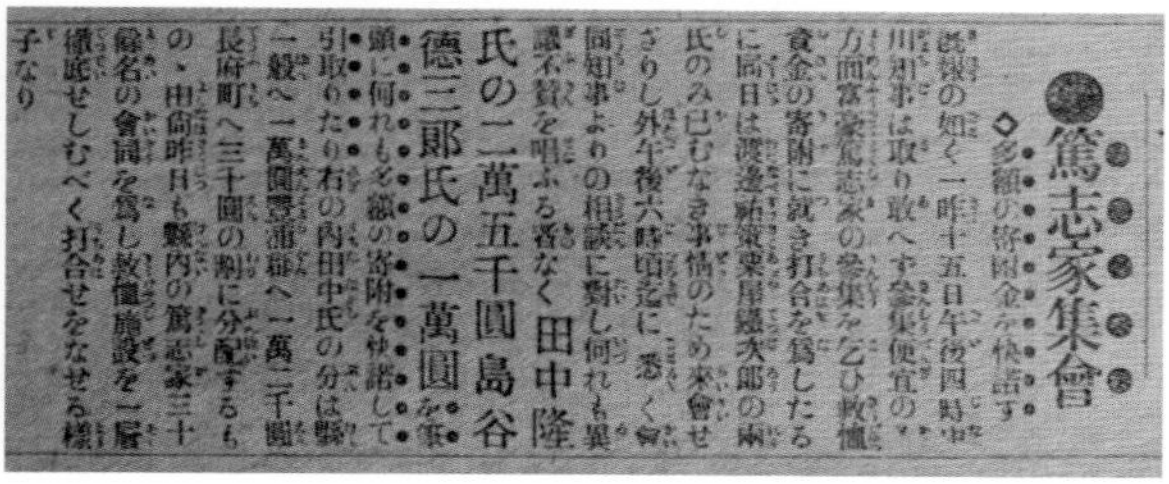

篤志家集會
◇多額の寄附金を快諾す
既報の如く一昨十五日午後四時中川知事は取り敢へず参集便宜の方面富豪篤志家の参集を乞ひ救恤資金の寄附に就き打合を為したるに同日は渡邊祐策東屋鐵次郎の兩氏のみ已むなき事情のため來會せざりし外午後六時頃迄に悉く會同知事よりの相談に對し何れも異議不賛を唱ふる者なく田中隆氏の二萬五千圓島谷徳三郎氏の一萬圓を筆頭に何れも多額の寄附を快諾して引取りたり右の内田中氏の分は縣一般へ一萬圓豊浦郡へ一萬二千圓長府町へ三千圓の割に分配するもの・由尚昨日も縣内の篤志家三十餘名の會議を為し救恤施設を一層徹底せしむべく打合せをなせる模様なり

大正 7 年 8 月 17 日付『防長新聞』

下関市立歴史博物館長　古城春樹さん談

長府苑取得を機に調査を行う中で、田中隆氏が大正期の米騒動で、多額の寄付と輸入米の払下げをしていたことや、田中氏亡き後、蓮の実が発芽したことを記念して、日中友好運動を掲げる「蓮の実会」が設立されていたことも分かりました。田中氏は、地域にとっても国際的にも、下関が誇れる人物の一人だと確信しています。

西洋館跡（2023 年 11 月）

〈孫文蓮〉と日中友好

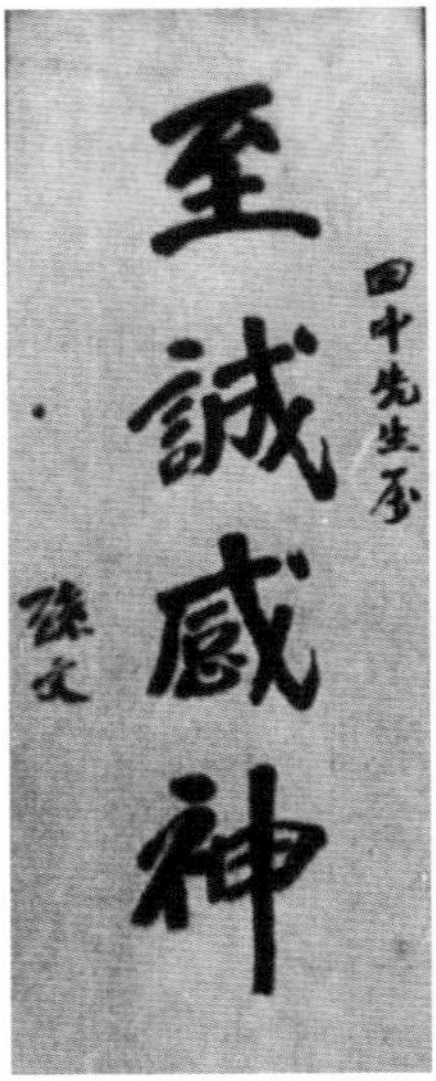

孫文が田中隆に贈った「至誠感神」の書（古幡光男『孫文蓮について』〔私家版〕）

孫文蓮
（京都花蓮研究会『京・花蓮だより』第26号・金子明雄「孫文の蓮について」）

大正七（一九一八）年六月に田中隆が孫文から貰った四つの蓮の実は、田中の死後、田中家の金庫で保管された。四〇年以上を経た昭和三四（一九五九）年、田中家六男の田中隆敏が、蓮の大家・大賀一郎博士を訪ねて鑑定と育成を依頼したところ、蓮は中国の古代蓮であることが判明。

翌年、大賀博士宅で無事発芽する。この蓮の実を縁起として、日中両民族の友好の会を創る話が生まれ、昭和三六（一九六一）年、元満鉄理事大蔵公望を会長に据えた「蓮の実会」が発足した。つづいて昭和三七（一九六二）年には蓮の開花を祝し披露宴も催され、孫文蓮と命名された。

孫文蓮は、当時の蓮の実会会員をはじめ各所に受け継がれた。現在、長府苑に隣接する長府庭園で、毎年夏に咲く蓮は、平成六（一九九四）年に植えられたものだ。

平成七（一九九五）年には、日中友好協会の金田満男氏により、下関市と友好都市を締結している青島市中山公園へ、長府庭園の蓮が株分けされている。

平成二九（二〇一七）年には、京都花蓮研究会の金子昭雄氏により、孫文の故郷、中国広東省中山市へ孫文連の蓮根が贈られている。

平成三〇（二〇一八）年は、孫文が蓮の実を贈って百年目で、中日平和友好条約が締結されて四〇周年の節目の年だった。それを記念して、中山市でセレモニーが開催された。

日中友好の架け橋として、今後も長府苑と孫文蓮が脚光を浴びることを期待したい。

❖ 林平四郎と孫文

下関の産業や文化の発展を牽引した林平四郎も、下関側における孫文

鎌倉の自宅にて、田中隆の写真を前に（2024 年 2 月）
右が田中隆令孫の丹内友香子さん。左がご子息の浩之さん。友香子さんは、日中平和友好条約 40 周年の 2018 年 6 月に広東省中山市のレセプションにも参加されました。「孫文蓮は、平和を願う象徴の花だと思います。花蓮が末永く、美しく、凛として咲きつづけることを願っています」とのコメントを戴きました

の支援者の一人であった。

林家には孫文から貰った「博愛」の書が残る。曾孫の林義郎氏によると、「孫文先生が福岡に亡命しておられたときに、当時は衆議院議員（その後貴族院議員）だったので交際があり戴いた」（『北京週報』1997 No. 39）ということだ。孫文は支援者たちに、よく、この「博愛」の揮毫を贈っていた。

妻の林万里子さんに所在を尋ねると、「以前は主人（林義郎）が大臣室にかけていて、そのあとはウチ（九段）の玄関先に飾っていたのを、今は芳正の事務所に置いてあります」（二〇二四年一月取材）ということであった。

林平四郎が孫文から貰った「博愛」の書（林万里子氏蔵）

米騒動と柳瀬正夢

第一次世界大戦の終盤に、シベリア出兵に向かう軍人たちが門司港に集っていた。その地で米騒動が勃発し、大正七（一九一八）年八月一五日から一六日にかけて大混乱となる。

二四日付の『門司新報』（「米騒動と損害」）は、最大の被害を受けた米穀商が仲町四丁目の久野勘助で、被害額は一万五六一四円と報じている。久野商会は門司港に碇泊中の天長丸に軍用米を積み込む予定だったのだ。

番頭の末次長槌が当時を語る。

「群衆の中から火をつけろと叫ぶ者があり、又番頭を殺せと口走る人もあり、一部の人は家に飛び込み二階にあがって箪笥や襖などを破壊する人もありました」

（『回顧五十年』）

面白いのは暴徒の中に、東大に進学し、共産党幹部になった志賀義雄（門司市古城小学校五回卒業）もいたことだ（『港と歩んだ70年』）。

あるいはプロレタリア画家となった松山（愛媛県）生まれの柳瀬正夢（本名・正六）も、一家で門司港に明治四四（一九一一）年から移住していた。

正夢は大正三年三月に門司松本高等小学校（現、門司海青小学校）を卒業し、画家修業で上京。翌大正四年に門司に戻り、大正八年三月に再上京するまで門司港で画家生活を送る。

米騒動直前の大正六年五月に正夢が描いた「門司筆立山より門司市堀川我望む」と題する油絵が残る。筆立山は麓に甲宗八幡宮が鎮座する山だ。

落合朋子さん（北九州市立美術館学芸員）は、「間違いなく柳瀬正夢が門司港で描いた作品です」と語る。

上・柳瀬正夢の油絵「門司筆立山より門司市堀川我望む」（北九州市立美術館蔵）

下・戦前の門司港全景（落合朋子さん提供〔絵葉書・部分〕）

「二つの」電話課庁舎

九州から朝鮮半島に向けて海底鉄道トンネルを通す案が浮上したのも米騒動後だった。杉山茂丸が雑誌『寸鉄』（大正八（一九一九）年七月）で書いた「世界を震駭すべき対馬海峡地下鉄道」と題する一文は、すでに発議されていた海底鉄道プランの拡大版で、朝鮮半島経由で満洲にまでつなげる計画である。これが昭和一〇（一九三五）年から政府主導で進む関門海底鉄道計画の原形の一つと思われる。

下関と門司港の両地域に、電話課庁舎が出現したのは、米騒動から六年後の大正一三（一九二四）年だった。

下関市側は田中町の田中絹代ぶんか館（下関市立近代先人顕彰館）の建物で、対する門司港側は東本町一丁目の交差点角のＮＴＴ門司電気通信レトロ館の建物である。

実は中国地方最初の電話交換は下関側で明治三二（一八九九）年に始まっていた（『72山口県の電信電話』）。それから二五年後に下関に電話庁舎ができたのだ。工事は大正一一年五月に大林組が起工、大正一三年九月に竣工し、内田式流水防火装置が設置された（大正一三年八月一七日付『防長新聞』「下関新電話局」）。これは火災時に屋上の水槽から建屋の四周に水を流す最新式の防火装置である。

一方の門司港側の電話課庁舎は大正一三年一〇月に竣工した（『逓信事業史　第七巻』）。こちらにも内田式流水防火装置が設置されていた。

左・旧門司郵便局電話課庁舎（現、ＮＴＴ門司電気通信レトロ館・2016 年 7 月）
右・旧下関電信局電話課庁舎（現、田中絹代ぶんか館・2016 年 7 月）

COLUMN

『海峡大観』の修築計画図

中野金次郎（若松出身）は門司市の商工会議所会頭時代に「海峡研究所」を創設して、文筆家の横山健堂を招聘。大正一四（一九二五）年一月に『海峡大観』を出版していた。

第一次世界大戦後の不況下で、「門司港発展のための外科手術」（『西日本風雪記』）が必要との意見から門司港修築案が浮上した結果である。「門司港国有化」の運動の成果物として本書が刊行されていた。

実は同じころ、洞海湾でも国港指定を目指して「洞海湾国有化」運動が始まっていた。若松港を修築し、西日本一の港にする動きだった。これに刺激されて門司市長の永井環、門司税関長の吉田忠徳、代議士の毛里保太郎らが大正七年夏に「門司港修築」の「第一声」をあげたと『海峡大観』は記している。

中野の「門司港国有化」運動は、若松港との共同発展の意識の中で、展開されていたことになろう。

こうして、原敬内閣の床波竹次郎（内務大臣）と高橋是清（大蔵大臣）が全額国費で賄う閣議決定を行い、大正八年度から修築工事の着手となったのだ。

『海峡大観』の付録「門司港修築計画図」は「大正十四年一月七日　下関要塞司令部検査済」と見えるので、当時の図面とわかる。

左下の線路沿いの朱色塗り部分に「外国貿易区域」と見える。

そこが昭和四（一九二九）年に「旧大連航路上屋」が竣工する区域となるのである。

中野金次郎（『中野金次郎伝』）

1925〔大正 14〕年時の「門司港修築計画図」（『海峡大観』）

第7章 総力戦体制〈昭和戦前篇〉

絵葉書「関門海底トンネル」
（山口県文書館所蔵）

『燭台』の時代

「昭和」の誕生前夜である大正一五（一九二六）年二月一一日に、門司市の老松公園で第一回目の「建国祭」が開催された（当日の『門司新報』）。

赤尾敏の建国会の全国的な創立行事で、むろん下関でも行われた。前年（大正一四年）一一月に頭山満や平沼棋一郎ら約一〇〇名が集まる日本青年館での準備会で、紀元節に全国的な建国祭を行う決定がされた結果だ。

ファシズム元年というべき当時の「建国祭」から一〇ヶ月後に大正天皇が崩御。年末の一週間が昭和元年で、年が明ければ昭和二（一九二七）年となる。そして四月に入れば鈴木商店が破綻した（昭和二年四月一日付『大阪毎日新聞』）。

不況の嵐のなかで、関門地域では文学運動が芽ばえる。下関市上田中町の燭台詞寮から一〇月一日に文芸誌『燭台』が発行されたのだ。主催者は吉田常夏。豊前田で遊郭を経営していた彼の父がスポンサーだった。

平成一〇（一九九八）年に復刊された『燭台　発刊一号』で古川薫さんが語ったのは、国際貿易港の門司港には、「新しい時代の雰囲気」があり、「文学青年が集まるのは門司港だった」という言葉である。

『燭台』には、小倉の詩人・阿南哲朗、玉井雅夫（後の火野葦平）、田上耕作（松本清張の『或る「小倉日記」伝』に登場する郷土史家）など、北九州の文学人脈も多く参加していた。

吉田常夏（山口県立大学郷土文学資料センター蔵）

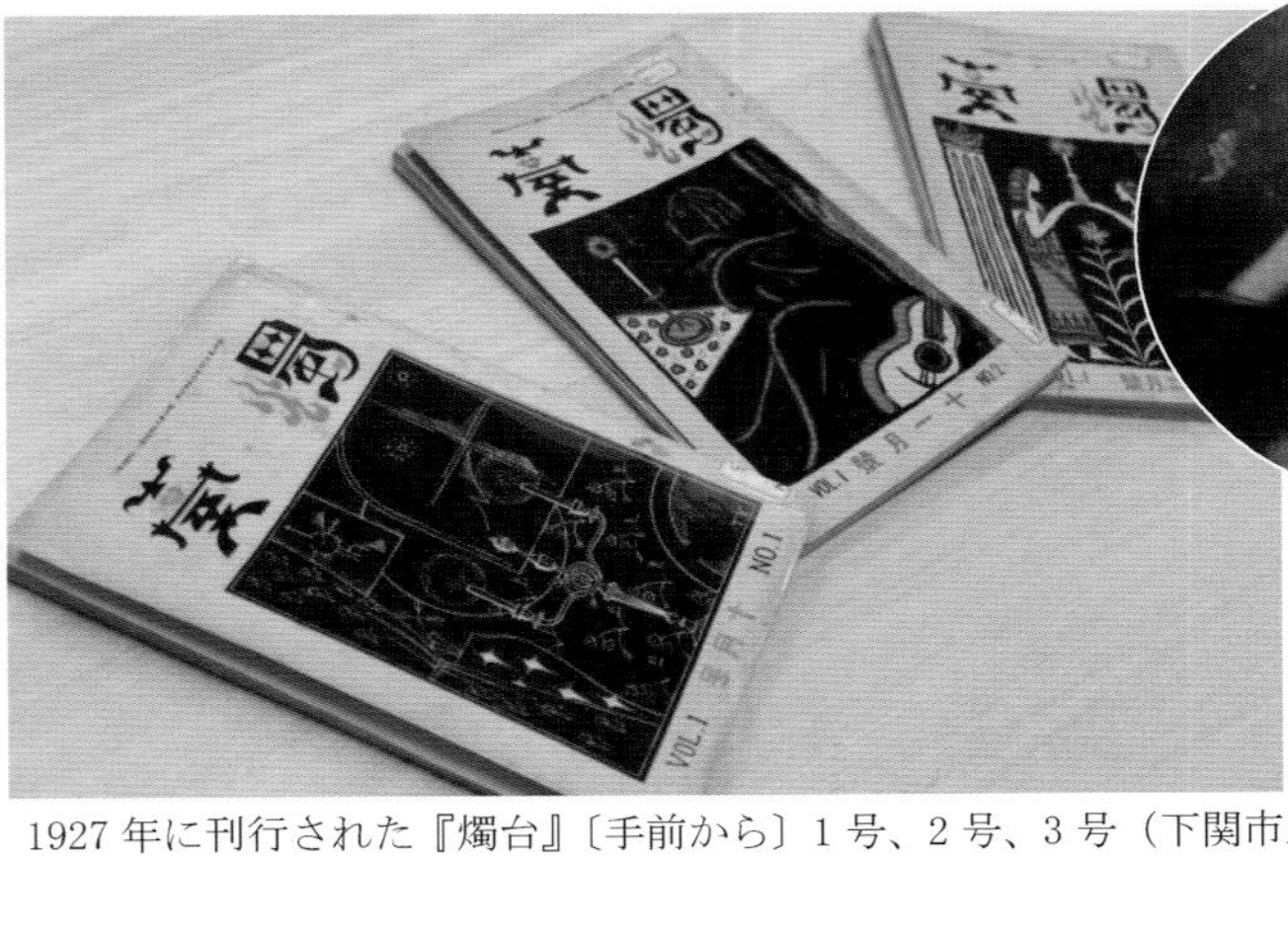

1927 年に刊行された『燭台』〔手前から〕1 号、2 号、3 号（下関市立中央図書館蔵）

日本水産戸畑ビル

北九州市の洞海湾に面する日本水産ビルは、昭和一一（一九三六）年に共同漁業㈱戸畑営業所として建てられていた。

ニューヨークでの株価暴落による世界恐慌に突入した直後の昭和四年一二月から、共同漁業が下関から戸畑に移転した結果である。

傍系会社の戸畑冷蔵製氷会社が事業を始め、トロール船への氷炭積込みに戸畑の方が便利だったからだ（同年一二月一二日付『防長新聞』）。

だが、そのことは下関にとっては一万人以上の労働人口が戸畑へ移転することを意味していた（同年一二月一二日付『馬関毎日新聞』）。

顧みれば、共同漁業のルーツは久原庄三郎の二男として慶応二（一八六六）年に山口県萩で生まれた田村市郎が明治四四（一九一一）年五月に下関観音崎に立ち上げた田村汽船漁業部にさかのぼる。

田村は大正三（一九一四）年に高津英馬たちが興した共同漁業の株式の大半を取得。大正八年五月に田村汽船漁業部を日本トロール株式会社に改称し、九月に共同漁業に合併して共同漁業株式会社にした。

実は、こうした戸畑への大移転は長州閥の井上馨の大甥・鮎川義介の「戸畑漁港ユートピア構想」に沿ったものだった。鮎川もまた田村の親戚筋の長州人である。

共同漁業の移転開始日の一二月一五日は、戸畑市が工事を進めていた臨海鉄道の竣工日とも重なっていた。

それも鮎川の構想をもとにした戸畑の産業開拓プランに由来していたのである（『鮎川義介 ―日産コンツェルンを作った男―』）。

現在の日本水産戸畑ビル（2014 年 7 月）

『門司市の地理』

門司市は明治二二（一八八九）年の市制施行時に三〇〇〇〇人ほどだった人口が、昭和に入るころは九万五〇〇〇人を超えるまでに膨らんでいた（『九州めぐり　門司から門司へ』）。

昭和五（一九三〇）年刊の『門司市の地理』（門司図書館新門司分館蔵）の「主要工場一覧表」には工場名、所在地（　）、年産額、原料〔　〕と供給地【　】、販路《　》が記されている。代表八社を紹介しておこう。

❶浅野セメント株式会社門司支店（白木崎）…〔石灰石〕【折尾、苅田、東谷村】《九州、中国、関西、北陸、関東、南洋》

❷日本製糖株式会社大里工場（大里）…〔粗糖〕【台湾】《支那、朝鮮》

❸サクラビール株式会社（大里）…〔ホップ〕【ドイツ】、〔大麦〕【関東、山口、佐賀】《関東、関西、九州、ドイツ》

❹日本製粉株式会社門司工場（小森江）…〔小麦〕【アメリカ、オーストラリア】《九州、中国、朝鮮、台湾、支那》

❺神戸製鋼所門司伸銅工場（小森江）…〔銅〕【アメリカ】《内地、満洲、上海、インド、南洋》

❻古河電気工業会社九州電線製造所（大里）…〔銅〕【アメリカ、カナダ】《九州、中国、台湾、朝鮮、満洲、支那》

❼大日本酒類醸造株式会社大里工場（小森江）…〔いも〕【鹿児島、宮崎、長崎、台湾】《内地、朝鮮》

❽日本冶金株式会社門司工場（小森江）…〔鉱石〕【京都、朝鮮】《内地》

門司港側の年産総額は八〇〇〇万円を越え、四〇〇〇万円に満たない二位の福岡市の二倍以上であった。

『門司市の地理』は、「北九州一帯の他の工業都市とくらべて見ると門司市が一番すぐれてゐる」と語る。発展の原動力は外国貿易だった。

一方で下関側では、昭和五年八月に下関商工会議所会頭に大洋漁業㈱の創始者の中部幾次郎が就任していた。下関は水産都市として成長する。

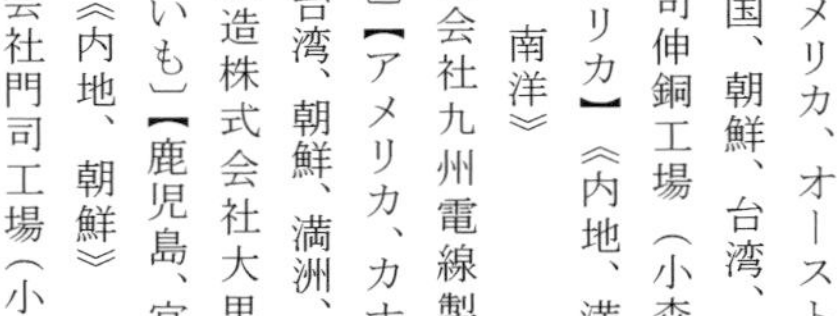

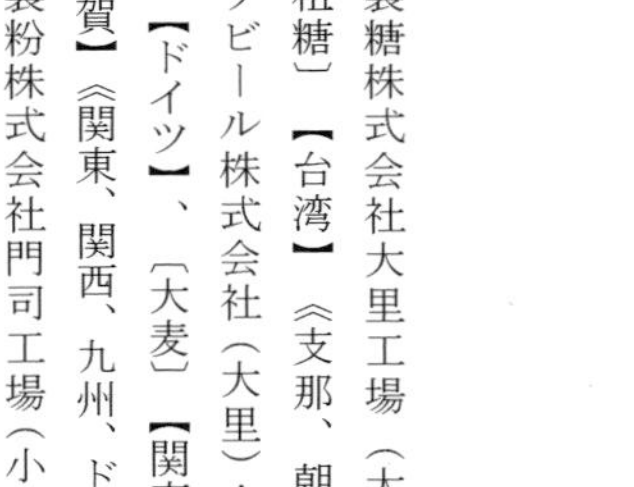

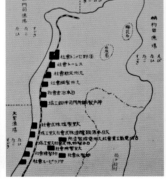

左・浅野セメント（戦前絵葉書「門司名所」）
右・大里を中心とする「工場及生産分布図」（昭和５年刊『門司市の地理』）

門司の三羽烏

羽原清雅氏は『「門司港」発展と栄光の軌跡』の「三宜楼をめぐる人々」の中で、「門司の三羽烏」と題して、石油の出光佐三、船舶の中野真吾、米の久野勘助を紹介している。このうち初出の中野真吾は、『海峡大観』を出した中野金次郎の弟であった。

「出光が商工会議所会頭、久野が副会頭、中野が市会議長。この三人が組んだら世の中に不可能の文字はなかった」

（『郷土の一〇〇人』）

国際貿易港を支えた政治力の成立は、昭和五（一九三〇）年九月三日付の『門司新報』が、「一致会幹事長　久野勘介氏に決る」と題して報じた。

そして彼らの政略の舞台もまた、清滝の料亭「三宜楼」として昭和六年四月二日に開館したのだ（同年四月一日付『門司新報』「新築開業御披露」）。

「一致会」は、門司港での政友会派で、「会議所を牛耳っとった」（『出光五十年史』）と出光が明かす。その象徴的事件が昭和七年一一月ころに、市会議長交代の約束を守らない議長の宮原六三郎を久野がピストルで威嚇して、中野を議長に据えた出来事として表面化した（『郷土の一〇〇人』）。

実際、中野は昭和七年一一月二八日に市議会議長に就任している（昭和八年刊『門司市史』）。

以後、出光ら「三羽烏」の政治力で昭和九年から門司港の「みなとまつり」がはじまり、松ヶ江に門司ゴルフ倶楽部が生まれた。あるいは昭和一四年の関門海底鉄道トンネルの起工を導き、列車の出入り口を門司港側に誘導するなどの近代化を牽引した。

三宜楼での「一ノ瀬（亮一郎）君送別記念」写真。前列左から３人目が中野真吾、つづいて一ノ瀬亮一郎（浅野セメント㈱門司工場支配人）、久野勘助、ひとりおいて出光佐三（1937〔昭和 12〕年８月 28 日）

料亭「三宜楼」

木造三階建ての「三宜楼」は、昭和六（一九三一）年四月の新築披露宴会で清滝町に姿を現した。女将は三宅あさ。明治三九（一九〇六）年六月一六日付の『門司新報』にも「三宜楼」が見えるので、当時すでに営業していたようだ。同四四年一月一日の年賀広告が新築場所と同じ住所なので、古い建物を崩して新築オープンしたのだろう。

ともあれ、これ以後、門司港栄華の象徴となる。

小森江小学校に通い、喜劇俳優となった古川ロッパ（一九〇三 - 六一）、火野葦平の「麦と兵隊」の歌でヒットした歌手の東海林太郎（一八九八 - 一九七二）、俳人の高浜虚子（一八七四 - 一九五九）たちも利用した。

だが、戦後は斜陽化し、昭和三〇（一九五五）年に廃業。平成一六（二〇〇四）年に建物を管理していた三宅あさの孫が亡くなると、翌年から城水悦子さんら地元有志が保存運動を行い、平成二六年から一般公開されたのである。

左上・三宜楼に展示されている古川ロッパの似顔絵や東海林太郎の色紙類

左下・三宜楼の廊下（2016 年 8 月）

三宜楼外観（2016 年 8 月）

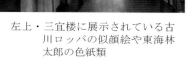

三宜楼大広間（左が上野真弓さん）。円内の左が髙橋一壽さん、右が城水悦子さん（2024年1月）

❖ 待合政略の拠点

本章「門司の三羽ガラス」で紹介した出光佐三、久野勘助、中野真吾らの宴席部屋が、今も三宜楼に残る。彼らは実業家であると同時に、地方政治家の顔も持っていた。

出光は昭和一二（一九三七）年に貴族院議員、久野は昭和一三年から門司市会議員、そして翌一四年からは福岡県会議員になっている。中野は昭和七年から門司市会議長を歴任した。彼らの政略の拠点でもあった「三宜楼」を保存する運動が、地域住民から起きたのも当然である。

この「三宜楼を保存する会」の事務局長として保存運動を推進した城水悦子さんは、「門司の歴史的建造物なので貴重」と語る。放置されていた土地と建物の権利を取得するため募金を行い、目標を達成して北九州市に寄贈した。おかげで今では日本遺産の構成文化財になっている。

出光美術館門司の副館長・髙橋一壽さんによれば、「成功者への階段」と呼ばれる階段や二階の六四畳の大広間（別に一六畳の舞台がある）が見どころという。上野真弓さんら「三宜楼運営クラブ」のメンバーが、来館者を案内している。

1934（昭和 9）年 5 月の〔公式〕第 1 回門司港みなと祭り。中央の山高帽が出光佐三〔門司商工会所会頭〕、その前の被り物姿が久野勘助〔同副会頭〕（三宜楼蔵）

三羽鳥の時代絵巻

茅葺屋根の門司ゴルフ倶楽部ハウス。若い頃に「ゴルフ亡国論」を唱えていた出光佐三だが、「ゴルフ場とふぐは国際貿易港としての門司の使命」と考えを改め（門司ゴルフ倶楽部会報『松ヶ江』創刊号）、茅葺で丸太造りの純和風のクラブハウスを発議し建設した（1935 年 4 月竣工）。これに先行して、久野勘助のほうは大久保にゴルフ練習場建設に奔走していた

（1950 年頃・門司ゴルフ倶楽部蔵）

下関臨港鉄道

門司側で松ヶ江ゴルフ倶楽部の建設機運が高まっていた昭和九（一九三四）年六月一日に、下関では下関港の臨港鉄道が完成していた。下関駅から唐戸までの約二㌔の鉄道である。

昭和五年三月の下関港修築第一期工事の竣工が端緒といわれるが、「下関都市計画街路図　昭和二年四月二日　内閣認可決定」〔※〕には、光明寺の海側の細江町の船溜に、臨港鉄道の線路が描かれている。したがって実際はかなり早い段階から敷設プランがあったのだろう。

『門司新報』が「下関臨港鉄道　工事認可となる」と報じたのは昭和七年九月一六日のことだ。工事は順調に進み、昭和九年六月一〇日の『馬関毎日新聞』が「十三万市民の待望臨鉄竣工祝賀会」と題し、一一日に山口県知事の菊山嘉男氏や北九州の各市長ら五〇〇名を招待した祝賀会を開くと報じた。

六月一二日の『関門日日新聞』は、細江町の船溜り入口の「跳ね上げ橋」の写真を掲載した。船の出入りの度に鉄道レールが持ち上がる〝跳ね上げ橋〟は、名所絵葉書の図柄にもなったほど有名であった。

その場所は戦後、埋め立てられて陸化した。現在の下関警察署のある細江町二丁目界隈である。

〔※〕山口県文書館所蔵『昭和一三年市町村道改修新設一件』（県庁戦前A土木165）に所収。

下関臨港鉄道の跳ね上げ橋
（『しものせきなつかしの写真集［下関市史・別巻］』）

亀山八幡宮の下には国道九号線が通る。唐戸町の一部の埋め立ては日清戦争期に着手されていたが、神社の下は長く自然の浜であった。埋め立てられたのは昭和八（一九三三）年で、神社石段側面の「昭和八年二月竣工　階段改修工事」と刻まれた石は、そのときの改修の名残りだろう。

つづいて三月には唐戸魚菜市場が完成した。門司税関下関出張所があった場所に新設された市場は青果部、バナナ部、鮮魚部、雑部の四部に分かれていた。『しものせきなつかしの写真集』には当時の市場風景が見え、道路の向かいに鮮魚部があったとしている。今の唐戸市場の場所である。

唐戸市場の鮮魚部ではフクを扱ったが、昭和四九年一一月に彦島の南風泊（はえどまり）市場に移転した。

唐戸市場〔昭和８年ころ〕
（『しものせきなつかしの写真集）

唐戸市場の出現

唐戸市場の中（2024 年２月）

亀山八幡宮の石段側面に刻まれた「昭和八年二月竣工　階段改修工事」の文字（2024年2月）

❖ 下関とフク

唐戸市場を関門海峡側に出た場所に、二匹のフクと魚の仲卸人四人のモニュメントがある。外から見えぬよう黒い袋に手を入れて競り人の指を握って提示額を示す下関独特の風物詩「フクロ競り」を模したものだ。

「フク料理」が下関名物になったのは伊藤博文が度々訪ね来ていた春帆楼での出来事にはじまる。たまたまシケで魚がなかったとき、女将がフクの刺身を出したのだ。毒がある禁断のフクを女将は「打ち首」覚悟で提供したというが、伊藤は食べて大好物となり、食用禁止が解かれたのだとか。

井上馨に至っては、日本銀行西部支店の支店長だった高橋是清を夕食に誘い、大吉楼で「鯛」と騙してフクを食べさせた。食後に真相を明かしたが、高橋はフクと見抜いていたという笑い話。むろん初めてフクを食べた高橋も、「ウン実にうまい」とご満悦だったそうだ(『ふくと下関』)。

唐戸市場の近くには、令和六（二〇二四）一月に、一九店舗が軒を連ねる「唐戸はれて横丁」がオープンした。地元の食材を使った魅力的な食事処として、開店早々人気を集めている。

唐戸市場近くの「フクのフクロ競り」モニュメント（二〇二四年二月）

「唐戸はれて横丁」（2024年2月）

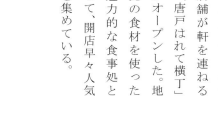

関門海底鉄道トンネル

鉄道大臣の内田信也が山陽ホテルでの関門合同の大歓迎会に出席したのは昭和一〇（一九三五）年五月二〇日だった。山口県側から出迎えたのは、林茂清（下関要塞司令官）、菊山嘉男（山口県知事）、松井信助（下関市長）たちである。

門司側からの出席者は後藤多喜蔵（門司市長）、釜瀬富太（同助役）、中野真吾（市議会議長）、百合野保夫（同副議長）、出光佐三（商工会議所会頭）、久野勘助（同副会頭）、金光秀文（門司税関長）たちだった（昭和一〇年五月二一日付『門司新報』）。

二一日には内田鉄相が、門司倶楽部で四〇〇名の「大茶話会」に出席している。

門司市長の後藤多喜蔵が関門海底鉄道の出入り口を、「小森江一本松付近にして戴きたい」と申し出たのがこの席であった（二二日付『門司新報』）。彦島から小倉の延命寺の場所に海底トンネルがつながる予定だったのだ。

風師山の山頂で地元有志と鉄道関係者が「山頂会談」をしたとも『郷土の一〇〇人』は明かす。ここでも、「門司市民を見殺しにするな」という声が上がっていた。要望の裏に出光ら「門司の三羽烏」がいることを知った内田鉄相が、「オイ門鉄局長、トンネル計画はやり直しだ。門司に変更すると本省に電報を打て」と命じ、門司側の希望が通ったとしている。

小森江で起工式が行われたのは昭和一一年九月一九日。同一七年一一月一五日に関門海底鉄道トンネルは開通した。この日、下関市と門司市の両地域で開通祝賀会が開かれた（同月二五日発行『門司商工会議所月報』）。

昔は小森江の貨車航送場から船で下関駅に貨車を輸送していた（昭和二年・絵葉書「門司名所」）

関門トンネル開通時の試運転列車〔昭和17年6月〕（関門トンネル記念館蔵）

関門海底国道トンネル

神戸市の実業家・青山国蔵が昭和四(一九二九)年五月に下関駅前に「関門連絡隧道株式会社」の創立事務所を立ち上げて関門海底国道トンネル構想は幕を開いた。しかしながら事業規模が大きすぎて、昭和八年に解散した(『下関市史　市制施行以後』)。

再び動きはじめたのは、関門海底鉄道トンネルの建設時に鉄道大臣の内田信也が関門を訪れた昭和一〇年だ(昭和一〇年六月二五日付『門司新報』)。

昭和一二年五月一日に内務省関門国道調査事務所が開設され、関門両地域でボーリング調査がはじまる。つづいて昭和一四年四月に内務省関門国道建設事務所が出来て、調査トンネル坑道が貫通。五月に内務大臣の木戸幸一が臨席して関門海底国道トンネルの起工式が行われた(『関門国道トンネル建設の歴史』)。

五月一二日の木戸日記(『木戸幸一日記　下巻』)には、壇ノ浦での式典後、「試掘隧道を通過して九州に渡り、門司側の祝賀会場に至り祝賀式に列す」と記されている。門司港側に移動中の写真は『企画展示　侯爵家のアルバム』で見ることができる。

中央が木戸、向かって左が門司商工会議所副会頭の久野勘助、右が門司市会議長の中野真吾だ。「門司の三羽烏」のうち出光佐三は貴族院議員の立場で起工式に参列していたので、あるいは撮影者は出光かもしれない。

もっとも戦争の激化で工事は中断した。開通は昭和二九年二月で、開通式は四年後の昭和三三年三月に開かれた。いま、壇ノ浦の〈関門トンネル人道入り口〉に置かれている「関門隧道建設の碑」に、着工「1939」と開通「1958」の二つの西暦が見える。

昭和一四年五月一二日の関門海底国道トンネル視察風景。左から久野勘助、木戸幸一、中野真吾『企画展示　侯爵家のアルバム』

関門トンネル碑文

関門海底国道トンネル出入り口には、下関側と門司港側にそれぞれ「関門隧道」と刻まれた石板がはめ込まれている。

下関側のものは「昭和三十三年三月」付けで、内閣総理大臣の肩書で「岸信介書」である。

一方の門司港側は「昭和卅三年三月」付けで、肩書なしで「吉田茂書」となっている。

『関門トンネル工事史』（序文）によれば、敗戦後の連合国軍占領下において、首相の吉田茂に三回陳情を行い工事が再開されたのだという。

トンネルの碑は工事再開に力を尽くした吉田首相と、完成時の岸首相の二人の名が刻まれていたのである（『関門国道トンネル建設の歴史』）。いずれも本物の筆跡で貴重である。

関門トンネル下関側の岸信介書

関門トンネル門司港側の吉田茂書

関門トンネル（下関側入口の全景）

関門トンネル（門司側入口の全景）
（全て 2022 年 8 月）

ヒトラーユーゲント登場

日本がナチ・ドイツと防共協定を結んだのは昭和一一（一九三六）年一一月である。続けて一年後の昭和一二年一一月にはイタリアも含めた日独伊防共協定が締結された。「防共」の字が示すようにソビエト共産主義との対決を表明した軍事同盟である。

ただ外相の広田弘毅が、「デモクラシー」諸国に対する「ファッショ・ブロック」になるとの世間の不安を自ら明かしたように（昭和一二年一一月二五日付『読売新聞』）、早くも英米流の資本主義とセットであるデモクラシーとの対決意志を読み取っていた人たちは、少なからずいたようだ。

こうしたなか、ムッソリーニ率いるイタリアから二二名の親善使節団が下関に来たのが昭和一三年四月二〇日だった。翌二一日には長府の乃木神社を参拝している（四月一四日付『防長新聞』）。

一行は二二日夜に関釜連絡船で釜山に向かい、満洲国の視察に旅立つ（四月二四日付『防長新聞』）。そして二五日に満洲国の首都・新京に到着すると、「ファシスト万歳」、「ムッソリーニ万歳」と熱烈な歓迎を受けた（四月二七日付『大阪毎日新聞（満洲版）』）。

ナチのヒトラーユーゲント（ヒトラー青少年団）も九州から下関に入り、一一月五日に乃木神社を参拝した。八月一七日に横浜港に上陸して以後、親善で日本各地を巡っていたのである（一一月六日付『関門日日新聞』）。

下関商業高等学校のブラスバンドの「見よ東海の空明けて」の音楽に合わせて下関駅前を行進するヒトラーユーゲント（1938〔昭和 13〕年 11 月 6 日付『関門日日新聞』）

産業統制期の古河目尾鉱

産業統制の歴史は古く、大正七（一九一八）年四月に公布された軍需工業動員法にはじまる。それが昭和四（一九二九）年の世界恐慌を経て、商工省主導の臨時産業合理局の設置（昭和五年六月）や重要産業統制法の実施（昭和六年八月）の形で強化されていく。

グローバリズムの優勝劣敗社会に抗する全体主義経済は、昭和七年三月に誕生した満洲国で実験された。その後、昭和一二年六月に第一次近衛文麿内閣が発足。企画院が一〇月に開設されて内地でも本格化した。

昭和一四年六月に、久野勘助が福岡県米穀商業組合連合会の理事長に就任したのも統制の流れに沿っていた。福岡県下の米穀商組合を傘下に置くことで、「一元的統制の下に国策に協力するの大方針を樹立」（『戦時體制下に於ける事業及人物』）したのだ。昭和一五年六月には出光佐三から門司商工会議所の会頭職も引き継ぐ。

こうしたなか昭和一六年一二月に大東亜戦争（太平洋戦争）が勃発。翌一七年六月のミッドウェー海戦で大打撃を受ける。

七月には食糧管理法が実施され、福岡県食糧営団が設立。本部が福岡市天神町の岩田屋別館に置かれ（昭和一九年刊『博多港』）、久野が理事長に座った。

加えて大政翼賛会興亜総本部門司支部長も務め（昭和一八年七月二五日刊『門司商工会議所月報』）、北九州の商工業者を糾合して「商業報国隊」を結成。古河目尾炭鉱（ふるかわしゃかのおたんこう）に勤労奉仕に出向いた（『郷土の一〇〇人』）。

そこは鞍手郡小竹町にあった炭鉱だが、いまは小竹町中央公民館に昔の写真（古河第二目尾坑）が残るのみである。

古河第二目尾坑（小竹町教育委員会提供）

空襲と機雷

下関と門司の〈二つの港〉は、陸軍管轄下の「下関要塞地」だったがゆえに、米軍による二度の空襲を受けた。一回目が昭和二〇（一九四五）年六月二九日で、二回目が七月二日。

要塞地は写真撮影が禁止されており、当時の記録はほとんどない。にもかかわらず下関側で秘密裏に風景写真を撮ったカメラマンがいた。

明治三五（一九〇二）年に壇之浦町で生まれた上垣内（かみごうち）茂夫。撮影がバレれば逮捕の時代だった。

幡生在住の長女・照子さん（昭和八年生まれ）に尋ねると、入江市場の肉屋や魚屋の集まる建物「トモエ館」の一室を借りて、トモエ写真館を営んでいたが空襲に遭い、焼け跡にバラックを建て、父親が隠れて写真を撮っていたのだとか。カメラはドイツ製の二眼レンズのローライ。国防色の帆布を肩からマントのように頭に被り、焼け跡を写したという。その期間は昭和二〇年七月一日から一五日までだった。

撮影された写真を見ると、入江町から細江町にかけて瓦礫と化し、いかに激しい空襲だったかがわかる。

昭和二〇年三月からB２９が関門海峡に投下した機雷は四九九〇発（『戦史叢書　海上護衛戦』）。引き上げられた実物の米海軍の磁気水圧機雷は、海上自衛隊下関基地隊の顕彰史料室「えびら」に保管されている。

日本は八月一五日に敗戦を迎えた。

米海軍の磁気水圧機雷（海上自衛隊下関基地隊・顕彰史料室「えびら」蔵）

上垣内茂夫が 1945 年 7 月に撮影した細江町風景

下関市吉見沖で触雷擱座した貨物船〔1951 年 5 月〕（海上自衛隊下関基地・顕彰史料室「えびら」蔵）

第8章

パンと民主主義〈昭和戦後篇〉

門司市清見小学校の学校給食
〔1955年〕
（『福岡県の学校給食のあゆみ』）

福岡県パン会館

「民主主義はパンから」と題し、米国海軍大将ウィリアム・ブラッドの意見を『読売新聞』が報じたのが昭和二〇（一九四五）年一〇月一八日だった。アメリカは、「日本と将来友好関係を結ぶ」ためには、パンの供給が必要と考えていた。日本の戦後民主主義はパン食からはじまったのである。

この流れで福岡県パン工業組合（組合員数一四四名）は昭和二二年に結成され、理事長を久野勘助が務めた（『パンの明治百年史』）。

「食料業界の〝大御所〟ともいわれていた久野勘助の音頭で、戦後の復興の中から新しいパン組合が生まれた」
（『パン戦国時代［九州編］』）

戦時中の興亜同盟から一転、占領政策に従い、主食用のパン製造や配給行う組織の長になったのだ。自身の久野商会も「久野精麦所」と名を変えた（昭和二三年版『門司市勢要覧』広告）。住所は同じ仲町四丁目だが、戦中の「匿名組合久野精麦工場」（宇品陸軍糧秣廠の監督工場）が焼けたので、社名を復活した形だ（『米寿への軌跡』）。

これが昭和二四年に「久野製パン工場」となり、八幡町一丁目に工場を新設（昭和二四年版『門司市勢要覧』）。

昭和二五年には「久野食糧工業株式会社」となり、社長を駒井茂一郎に任せるのである（『米寿への軌跡』）。

昭和三四年一一月に、福岡市天神五丁目に福岡県パン会館が落成した。館内展示の寄せ書き色紙の一番下に「久野勘助」の名が据えられている。

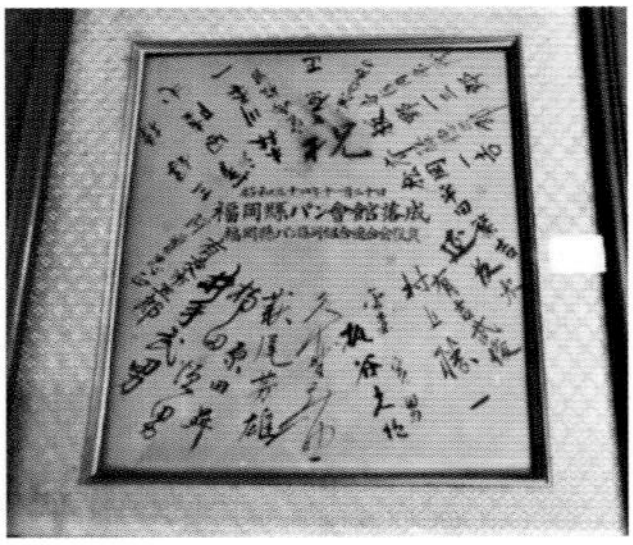

パン会館落成式の色紙
（1959 年 11 月）

左・福岡県パン会館（2023 年 5 月）

COLUMN

「久野パン」その後

戦後、門司港界隈で人気を博した「久野パン」は、久野商会の社員たちが製造していた。

小森江の門司区羽山で大久保ベーカリを営む大久保一成（かずしげ）さん（昭和九年生まれ）は、「久野パン」の工場で昭和六〇（一九八五）年頃まで働いていた。現在のヤングパンは「久野パン」をベースにしたという。

「私がいたときのオーナーは稲井亀一さん〔※〕で、久野商会の社員でした。戦後に〈久野パン〉をはじめたと聞きました。食糧不足のときで久野パンは人気があって、味も良かったです。二、三〇年前まで売っていました」（二〇二一年八月取材）

同様に「久野パン」の後身が、門司区上馬寄一丁目のベーカリーヤングのキングパンである。アーモンドのスライスが表面にまぶされたメロンパン風の地域一番人気のパンだ。

店主の時永昌二さん（昭和三三年生まれ）は、「久野パンで働いていた先代（戸田好美＝嫁の父）から製法を受け継いだ」と語る。これは昭和二九年ころに、外国人の富裕層向けにクッキー生地で焼いた「ハイカラ」なパンとして生まれていた（マイナビニュース「メロンパンじゃない‼ 北九州が誇るパンの王様〈キングパン〉の謎に迫る」）

「久野パン」最後の工場跡が、門司区栄町五丁目の飲み屋街「遊楽街」入口のシャッターに残る。白ペンキの文字で「欧風やきたてパン　ひさの」と書いてある（二〇二二年三月取材）。

〔※〕昭和四〇年刊の『北九州商工名鑑』の「久野製パン工場」（門司区仲町四）の経営者が稲井亀一とある。

「キングパン」を持つ時永昌司さん（是松和幸氏提供）

左・映画のシーンでキングパンを食べるロバート秋山氏（映画『レトロの愛情』2019年6月29日公開　配給会社：よしもと　クリエイティブ・エージェンシー　製作：©2013「レトロの愛情」製作委員会・是松和幸氏提供）

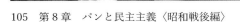

植木茂の彫刻

戦後、下関側では美術運動がはじまる。彫刻家の植木茂の登場だ。新潟県の大地主の家に生まれた茂の父が北海道庁勤務だったことで、茂も大正二（一九一三）年に札幌で生まれていた。画家を志して東京美術学校を受験するが失敗。洋画家・三岸好太郎に師事して、美術に没頭していった。

昭和一二（一九三七）年に東京で発足した自由美術協会の第一回展覧会の出品の入賞がデビューだった。

間もなく中支（支那の中部）へ出征し、妻の文子が郷里の長門市東深川に疎開、復員後に茂も東深川に入る。

下関入りのきっかけは昭和二二年二月に、日本漁網船具㈱（現、ニチモウ㈱）に勤めていた妻の兄が亡くなった代わりに同社に就職したことにある。以後、上新地の日網独身寮に入居し、社内にアトリエを構えたのだ。

昭和二三年に下関美術家協会を設立。木彫や油絵、針金の立体に石膏を付ける造形美術へ活動範囲を広げる。

魚をモチーフとした当時の木彫レリーフが、下関市立美術館に所蔵されている（ニチモウ㈱より寄贈）。

最初のモニュメント作品は、下関市民館（昭和二五年完成）のホール中央の白セメント製の女神像であった（現在は下関市立美術館入口に移設）。

茂は昭和二六年に第一回モダンアート協会展の準備のために大阪に向かい大阪に住みつく。再び下関とつながるのは昭和五八年に開館した下関市立美術館との関りからだ。美術館外周の修景整備計画の顧問になったのである（『生誕100年　植木茂』）。

植木茂「女神像」
（下関市立美術館入口）

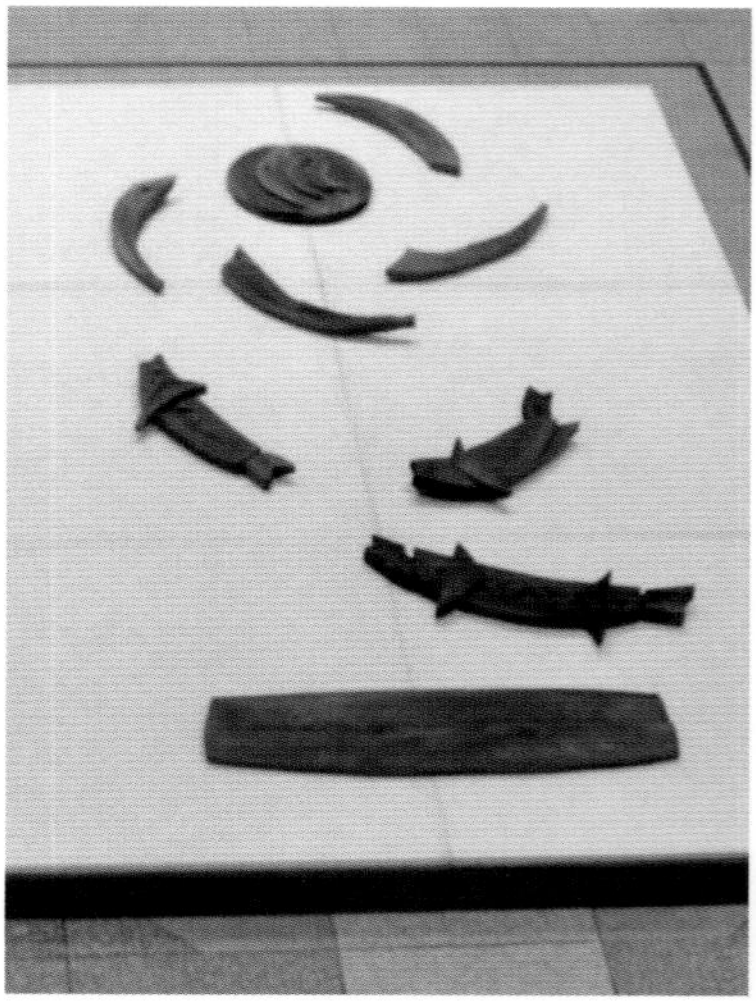

右・植木茂「木彫レリーフ」
（下関市立美術館提供）

「二つの」水族館

和布刈神社の近くに、栃木断泥（三和海運社長）が和布刈水族館を開館したのは昭和二六（一九五一）年五月だった（『門司を担う人々』）。

彦島にも「門司市第二塵芥焼却場」など門司市の土地があり、和布刈水族館の延長施設として魚類養殖場や釣り堀を作る計画があった（昭和二六年二月一六日付『夕刊みなと』）。

この和布刈水族館は昭和二九年八月に門司市が買収し、市営化された。

対する下関側では昭和三一年一一月に「東洋一」を誇る下関水族館が長府に開館した。記念飛行や花火での祝賀ムードのなか、小沢太郎（山口県知事）、福田泰三（下関市長）、林佳介（山電社長）、二木謙吾（山口県会議長）、中部幾次郎（大洋漁業㈱会長）ら約六〇〇名が出席した（一一月二九日付『夕刊みなと』）。鉄筋コンクリートの三階建て、延べ一八一五平方㍍の建物に水槽七〇基、一二〇〇種類、数千匹の魚が鑑賞できた。

それから一年余り後の昭和三三年三月の関門海底国道トンネルの開通式と下関市制七〇周年のタイミングで、水族館に隣接して下関大博覧会が開催された。近代水産館、北洋館、海洋・船舶館、水産加工館、産業観光館など、水産都市らしい博覧会だった（昭和三三年三月八日付『夕刊みなと』）。

このとき大洋漁業㈱が建設して、下関市に寄贈した「鯨館」が、今も関見台（櫛崎城跡）に残されている。

めかり水族館（『北九州市 20 年のあゆみ』）

右・下関市の鯨館（正面と背面 2022 年 3 月）

大洋漁業とペンギン

戦後、大洋漁業㈱が捕鯨の傍ら南氷洋のペンギンを持ち帰りはじめた。昭和二一（一九四六）年から南氷洋捕鯨の再開をＧＨＱが許可したからだ。

宇部市立万倉小学校には同社の社員だった今井吉治さんが昭和三八年に寄贈した「ジェンツーペンギン」の剥製が残されている。

六年前の昭和三二年二月に、皇帝ペンギン一羽を、下関水族館に展示したことから、同館でもペンギン展示が始まっていた（『海響館一〇周年記念誌』）。現在の海響館のペンギン村は、ここから発展したものだ。

実は、上野動物園の戦後のペンギン飼育も大洋漁業が昭和二六年四月に持ち帰ったヒゲペンギンから始まっていた（『物語　上野動物園の歴史』）。とはいえ飼育の経験不足から死んでしまう（昭和二六年四月二一日付『読売新聞』。同二九年三月九日付同紙）。

大洋漁業は昭和二九年四月に、上野動物園ではじめてのコウテイペンギン雄雌二羽を寄贈していた（『もう一つの上野動物園史』）。

長崎市のペンギン水族館も大洋漁業の寄贈したペンギンから幕を開けた。昭和三四年四月開館した長崎水族館（前身）に、八月に下関水族館から四羽のペンギンが届き、展示したのが最初である。倉庫予定の建物を改造して「ペンギン室」にしたと白井和夫さん（長崎水族館館長）が語っている（『長崎水族館とペンギンたち』）。

宇部市立万倉小学校のペンギンのはく製（2022 年 4 月）

現在の下関市立水族館「海響館」（2022 年 3 月）

アトリエになった旧久野邸

旧久野勘助邸（以下、旧久野邸）は、テラコッタ彫刻家の松浦孝さん（門司港美術工芸研究所所長・昭和四八年生まれ）のアトリエになっている。

米穀商で財を成した久野勘助が昭和八（一九三三）年に建てた自宅で、門司区谷町にある。門司港レトロに移築された旧三井クラブも、斜向かいに大正一〇（一九二一）年に建てられており、谷町は高級住宅地だった。

旧久野邸には㈱大林組が作成した「久野邸新築工事契約書」が残り、昭和八年三月五日に工事に着工、七月末に完成する予定が見える。ちなみに五月二四日の上棟式の日は、門司倶楽部で関門米商組合の発会式があったと『回顧五十年』が記している。

約八〇〇坪の敷地に建つ木造瓦葺二階建ての旧久野邸を松浦さんが初めて目にしたのは平成二六（二〇一四）年。長期間、空き家だったが、アトリエとして使えるよう最小限の改装をして、平成二七年一〇月に公開した。展示された作品は松浦さんのテラコッタ彫刻や、知り合いの芸術家たちの絵画、陶彫、彫刻、日本画、染織、創作和紙、フィギュアなどである。

また、フィギュアの原形作成などのワークショップも開かれ、庭ではアコーディオンとギターの野外ライブも行われた。平成三一（令和元）年秋まで、春と秋の二回のアトリエ公開だったが、令和二（二〇二〇）年からは春のみの公開となっている。

松浦孝さん（2022年3月）

テラコッタが展示された旧久野邸の室内

松浦孝さんのアトリエとなった旧久野邸（共に2016〔平成28〕年4月）

関門橋プランが門司港で最初に表面化したのは、日清戦争開戦直前の明治二七（一八九四）年三月一八日に『時事新報』が載せた架橋意見を、四月二日付の『門司新報』が再録したときだった（『門司郷土叢書　海峡叢談第一集』「時事新報の門司海峡架橋論」）。

上から時計回りに、磯部義之さん撮影の写真のスライド。磯部さん。磯部さんが手にしたスライド

関門大橋

このときは山陽鉄道が下関に達することを見越し（当時は三原―広島間の工事中）、鉄橋に汽車を走らせる予定だったのである。だが実現せず、日清、日露、第一次、大東亜（太平洋）の四つの戦争を経て、八〇年近く後の昭和四八（一九七三）年一一月に開通した。

工事は昭和四三年六月に着工されていた。このときの工事風景を撮影したのが当時壇ノ浦町に住んでいた磯部義之さん（一九四四年生まれ）で、手元に当時の写真スライドが多く残っている。関門橋は令和五（二〇二三）年一一月に開通五〇年を迎えた。

関門大橋の工事着工期（下関側から磯部義之さんが撮影）

開通 50 年を迎えた関門大橋。左が下関側、右が門司側（2023年10月）

下関ゆかりの文化人

（『高島北海展』）

高島北海（1850-1931）

長州藩の藩医の子として萩で誕生。工部省で働きながら絵を描き、のちに農商務省の技士となる。明治 30（1897）年に非職となり、妻（大庭学遷の娘）の実家のある長府に隠棲。明治 34 年に豊浦中学校図画科教授として半年余り勤務した後も、絵を描き続けた。

（笠をかぶり背負われて大井川を渡る自画像・菊舎顕彰会提供）

田上菊舎（1753-1826）

長門国田耕村に、長府藩士の娘として誕生。松尾芭蕉に憧れ、北は奥州から南は九州まで、人生の大半を旅で過ごす。その過程で優れた俳句を多く残した。代表作は宇治の満福寺で詠んだ「山門を出れば日本ぞ茶摘うた」。没後 130 年目の 1956（昭和 31）年に「菊舎顕彰会」が創設された。

（新宿歴史博物館蔵）

林芙美子（1903-1951）

生誕地は門司が有力だが（63 頁参照）、明治 44 年１月からは下関の名池尋常小学校に通う。以後、鹿児島市、尾道市を転々。文筆に親しみ、昭和 5（1930）年に『放浪記』を発表してベストセラーとなる。その後も数々の作品を書いた。

（藤原義江記念館蔵）

藤原義江（1989-1976）

ホームリンガ商会下関支社「瓜生商会」のスコットランド人社員リードと日本人芸者の子。混血児として苦労しながら、大正 7（1918）年に浅草の金龍館の舞台に立つ。昭和 7（1932）年にイタリア音楽の功労者としてムッソリーニからカヴェリエ・コロナリ・イタリアーナ勲章を授与。ファシズム体制下での国際交流を進め、テノール歌手として名を馳せた。

（『犬養内閣』）

保良浅之助（1883-1975）

和歌山市で鮮魚用竹籠を製造する家に生まれ、神戸に出てヤクザとなる（『侠花録』）。一方で竹籠業が「籠寅」の名で発展。漁業で栄える下関に明治 44（1911）年、本店を開業。大正 8（1919）年に下関で籠寅一座を旗揚げ。昭和 4（1929）年に下関市会議員、翌 5 年に衆議院議員に当選。昭和 18 年には松竹と企業合同により「昭和演劇㈱」を立ち上げ、興行界を牽引した（「郷土物語「籠寅一代」）。

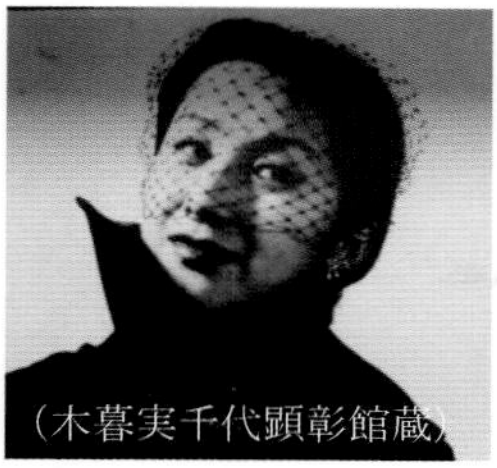
（木暮実千代顕彰館蔵）

木暮実千代（1918-90）

本名は「和田つま」。彦島村福浦で生まれた。梅光女学院を卒業、日本大学（演劇学科）に入学。21歳のとき「木暮実千代」の芸名で、田中絹代が主演の『愛染かつら』でデビュー。満洲に渡り、松竹と満洲映画協会の合作映画に出演。晩年は女優業の傍ら社会福祉活動も積極的に行った。

昭和1952年
（林伊佐緒　偲ぶ会蔵）

林伊佐緒（1912-95）

旧厚狭郡王喜村（現、下関市）に生まれ、興風中学校を経て明治大学に進学。在学中に「旅の雨」でレコードデビュー。昭和11（1936）年にキングレコード入社。戦時中に「若しも月給が上がったら」を歌いヒット。「出征兵士を送る歌」を作曲するなど、多才な活躍をした。

（『日本の映画女優Ｉ田中絹代』より）

田中絹代（1909-77）

母は日和山一帯の大地主で廻船業を営んだ小林家の長女。父は小林家の大番頭で呉服商で大成。だが、絹代が2歳の時に父が他界し、大阪市天王寺に転居。琵琶少女歌劇に入団し、14歳で映画『元禄女』でデビュー。昭和61（1986）年に「田中絹代賞」が創設された。

（『芥川賞・直木賞150回線記録』より）

田中慎弥（1972-　）

下関市綾羅木で生まれ、下関中央工業高校を卒業。大学受験に失敗し、引きこもりとなる。自宅で小説を書き、長期間のニート生活の中で平成17（2005）年に「冷たい水の羊」で新潮新人賞を受賞。以後、数々の文学賞を受賞。東京在住。

（『松田優作　炎静かに』現代教養文庫より）

松田優作（1949-89）

遊郭地の今浦町で私生児として誕生。神田小学校、文洋中学校卒業。下関第一高等学校に入学するが休学。東京の私立高校夜間部に編入。様々な苦難を乗り越えて、『太陽にほえろ！』のジーパン刑事で昭和48年にデビューし、一躍有名になる。

（宇部にて・2010年）

古川薫（1925-2018）

下関市大坪町で生まれ、7歳で宇部市に移転。長門工業学校を卒業、日立航空㈱羽田工場勤務。戦後に宇部市立高等学校で文学修行。山口大学を卒業、教員になるも、教え子と心中未遂事件を起こして下関の「みなと新聞」の記者に転職。10回目の候補作『漂泊者のアリア』で直木賞を受賞。

第9章　若松を歩く

旧古河鉱業若松ビル

若宮幸一さん（館長）

旧古河鉱業若松ビル

北九州の若松も、日本遺産や土木遺産の地で有名だ。筑豊の石炭積出しのため、明治二三（一八九〇）年に若松築港会社が創立され、翌年には筑豊興業鉄道も完成して築港が本格化した。石炭は底の浅い船「川ひらた」で遠賀川を下り港に集まっていた。

私が訪ねたのは日本遺産の旧古河鉱業若松ビルだ。館長の若宮幸一さんによると、筑豊で目尾炭鉱などを経営していた古河鉱業の若松出張所（後に支店）として大正八（一九一九）年に建てられた建物という。若戸大橋を背景に建つモダンな姿は勇壮だ。

若松港は江戸時代からの石炭積み出し港である。近代化と共に日本一の石炭積出港となり、そのため石炭荷役の陸仲士と沖仲士が集まり、彼らを束ねる「組」と呼ばれる港湾荷役業者が多くできた。

―　若松の作家・火野葦平の家も、沖仲士たちを抱えた玉井組でしたね。私も若いころに『花と龍』を読みました。

「火野葦平の本名は玉井勝則（かつのり）。明治三九（一九〇六）年に若松で生まれ、その先にある渡船場から小倉中学校に通われたので、この建物（旧古河鉱業若松ビル）を毎日見ておられていたはずです」

南海岸通りには第一港運㈱のビルが建つ。そのあたりが玉井組の場所で、「玉井組事務所跡」の案内板が立つ。葦平の父・玉井金五郎と母・マンが、葦平が生まれた明治三九年に石炭荷役請負業として設立したと説明文に見える。

第一港運㈱の入り口にある
「玉井組事務所跡」の案内板
（2024 年 2 月）

火野葦平の『花と龍』

火野葦平は昭和一三（一九三八）年三月に『糞尿譚』で芥川賞を受賞した。

葦平は昭和一二年にはじまる日中戦争に従軍し、その体験から『麦と兵隊』、『土と兵隊』、『花と兵隊』を書いた。兵隊三部作で朝日新聞文化賞を貰ったのが昭和一五年。作家として人気を博したが、敗戦で文筆家の追放指令を受けた。パージが解除されたのは、昭和二五年のことである。

北九州市立文学館の学芸員・稲田大貴さんによると、「大手の新聞などには書けなかったようですが、地方のメディアには書いていたようです」とのこと。こうして昭和二七年から、読売新聞で堂々と連載をはじめた『花と龍』で人気を取り戻した。

――『花と龍』も舞台は若松でしたね。

若宮幸一さんは、質問に答えた。

「玉井組が炭積機導入反対運動を始めた際、若松石炭商同業組合（石炭商組合）の事務所だったのが今の石炭会館です。その風景が、作品にも描かれています」

聯合組の隣りに、「若松港汽船積小頭組合」の事務所がある。その看板とならんで、三倍も大きな「闘争本部」の新しい板札がかかげられた。小頭組合の裏にある「玉井組詰所」の二階に、「若松港沖仲士労働組合」の看板がかかっている。赤地に、スコップ、鳫爪、櫂を組みあわせて図案化した組合旗が、ひるがえっている。明治建築の名残りをとどめている「石炭商組合」の事務所は、そこから、一町とは離れていない。これらの建築の間を、このごろは、連日、あわただしげに、多くの人々が右往左往し、殺気に似たものがただよっていた（『花と龍』）

これは昭和六年、「三菱炭積機建設問題」が表面化したときの話である。

石炭会館は、明治三八（一九〇五）年の建設当時は、今より装飾が多く、石炭事業者たちの社交クラブ的機能を有していたこともあり、豪華で絢爛な外観だった。

若宮さんは語る。

「建設当時の組長は、当時若松に居住していた安川敬一郎でした。この建物も、安川の奔走で出来たものです」

日本遺産となった若松石炭会館（2024 年 2 月）

河伯洞と料亭「金鍋」

若松には作家の火野葦平が昭和一五（一九四〇）年から住んだ旧居「河伯洞」（若松区白山一丁目）が残る。「河童」の棲む家の意味があり、北九州市の指定文化財だ。管理人の藤本久子さんは子ライオンと一緒に写った葦平の写真を見せてくれた。

仔ライオンと火野葦平（河伯洞蔵）

「そのころ有名だったキグレサーカスの興行主が、葦平の動物好きを知っていたので、昭和三四年一月に生まれた仔ライオンをプレゼントしたのです」

― 写真の場所はどこですか。

「河伯洞の広縁です。庭で飼っておられたようです」

葦平は昭和三五年一月に自死するので、最晩年の写真である。ちなみに仔ライオンは葦平死去の翌月（二月）にひっそり死んだ。

葦平が時々訪ねていたもう一つの場所が、若松の料亭「金鍋」（若松区本町二丁目）だった。大正六（一九一七）年ころに造られたという表門は、国の登録有形文化財で、建物全体は日本遺産の構成文化財だ。現役の高級料亭で、二階のつきあたりに常連客だった葦平が利用していた「葦平の間」が残されている。

「コップの敷き紙（コースター）も、葦平さんがデザインされた絵を使っています」と店主の真花宏行さんは語る。

葦平の小説「消防芸者」（『王者の座』）には、若松にいた七人の芸者の〝消防芸者隊〟が結成された場所として、金鍋をモデルにした「銀鍋」が登場する。

金鍋の表門（左）と２階の「葦平の間」（右）
（2024 年 2 月）

1　六連島灯台

市有形文化財（建造物）山口県下関市六連島

関門海峡の西口に位置する六連島灯台は、明治 3（1870）年 10 月に起工し、翌明治 4 年に竣工・初点灯した神戸以西で 3 番目の灯台。近代の灯台としては県内最古。

2　部埼灯台

未指定（建造物）福岡県北九州市門司区大字白野江

企救半島の北東端の小高い丘に、明治 5 年 1 月（1872 年 3 月）に竣工した複合低塔型灯台。石造円形の灯塔。

3　九州鉄道記念館（旧九州鉄道本社）

国登録（建造物）福岡県北九州市門司区清滝 2-3-29

九州鉄道会社は九州で初めての鉄道会社として明治 21（1888）年に設立された。九州鉄道記念館はその本社屋として明治 24 年に建設された建物を利用している。

4　下関南部町郵便局庁舎（旧赤間関郵便電信局）

国登録（建造物）山口県下関市南部町 22-8

現役の郵便局舎では最古。明治 4（1871）年に赤間関西之端町に郵便取扱所を設置。明治 16 年に郵便局となり外浜町に移転。明治 21 年に赤間関郵便電信局となり、同 33 年に現在地に移転。

5　若松石炭会館

未指定（建造物）福岡県北九州市若松区本町 1-13-15

明治 38（1905）年に洞海湾沿いに建てられた若松石炭商同業組合の事務所。若松区内に現存する洋風建築としては最も古い。

6　旧下関英国領事館

国重要文化財（建造物）山口県下関市唐戸町 4-11

明治 39（1906）年 12 月に領事館として使用する目的で建設された建物の中では国内で最も古い。

7　旧宮崎商館

国登録（建造物）山口県下関市田中町 4-10

神戸の石炭輸出業者・宮崎儀一は、明治 26（1893）年に下関に支店を開設。石炭商の事務所として明治 40（1907）年に建てられた。

8　旧門司税関

未指定（建造物）福岡県北九州市門司区東港町 1-24

旧門司税関は明治 45（1912）年に建設された。初代は完成してすぐに火事で焼失したため、現存する建物は 2 代目。

9　旧サッポロビール九州工場　事務所棟、醸造棟ほか

国登録（建造物）福岡県北九州市門司区大里本町 3-6-1

明治 45（1912）年建設された帝国麦酒株式会社の工場が前身。旧事務所棟である煉瓦館をはじめ、旧醸造棟、旧組合棟、倉庫の 4 つを「門司赤煉瓦プレイス」として保存。

10　上野ビル（旧三菱合資会社若松支社）本館、倉庫棟、旧分析室ほか

国登録（建造物）福岡県北九州市若松区本町 1-10-17

三菱合資会社は、筑豊の炭鉱の買収と鉄道の整備をきっかけに会社事務所を若松に移転し、大正 2（1913）年に本ビルを建設。

11　門司港駅（旧門司駅）本屋

国重要文化財（建造物）福岡県北九州市門司区西海岸 1-5-31

明治 24（1891）年に開業した門司駅は約 200 メートル離れた場所にあった。現在の駅舎は大正 3（1914）年に 2 代目として移転新築されたもの。昭和 17（1942）年に門司港駅と改称。

12　旧秋田商会ビル（下関観光情報センター）

市有形文化財（建造物）山口県下関市南部町 23-11

秋田寅之介により明治 38（1905）年に設立された秋田商会は国内、満州（中国）、朝鮮、台湾などに支店・出張所を開設し、木材や食料などを運搬。この建物は大正 4（1915）年に新築した社屋。

13　三菱重工株式会社下関造船所　第 3・第 4 ドック

未指定（建造物）山口県下関市彦島江の浦 6-16-1

三菱重工業株式会社下関造船所の第 4 ドックは、大正 5（1916）年に地元資本の江ノ浦造船株式会社が築造。第 3 ドックは同社を継承した彦島船渠株式会社が大正 11 年に築造。

14　北九州市旧大阪商船

国登録（建造物）福岡県北九州市門司区港町 7-18

明治 17（1884）年に設立された海運会社・大阪商船の門司支店。大正 6（1917）年に竣工した社屋は八角形の塔が特徴。竣工当時は建物の前面道路のすぐ横が海だった。

15　料亭金鍋　本館、表門

国登録（建造物）福岡県北九州市若松区本町 2-4-22

明治 28（1895）年に創業した料亭金鍋は「牛鍋」を九州でいち早く取り入れた老舗。表門は、国の登録有形文化財。

16　旧古河鉱業若松ビル

国登録（建造物）福岡県北九州市若松区本町 1-11-18

旧古河鉱業若松ビルは、大正 8（1919）年に大林組によって建設された煉瓦造 2 階建の建物。

17 栃木ビル

未指定（建造物）福岡県北九州市若松区本町 1-15-10

栃木ビルは、栃木商事株式会社（現、栃木汽船株式会社）が大正 9（1920）年に本社として建設した事務所ビル。

18 山口銀行旧本店

県有形文化財（建造物）山口県下関市観音崎町 10-6

三井銀行の下関支店として大正 9(1920)年に建設。銀行建築の名手と謳われた長野宇平治（辰野金吾の弟子）の設計。昭和 8(1933)年に百十銀行本店となり、昭和 19(1944)年に県内 5 銀行が合併して山口銀行が発足してからは、山口銀行本店として使用。

19 旧俎礁標（旧金ノ弦岬灯台）

市有形文化財（建造物）山口県下関市大字彦島金ノ弦岬

旧俎礁標は明治 4（1871）年、ブラントンが建設を指導して関門海峡の岩礁の上に初めて設置された礁標。その石材を再利用して現在地に灯台として移築されたのが旧金ノ弦岬灯台。

20 旧門司三井倶楽部　本館、附属屋

国重要文化財（建造物）福岡県北九州市門司区港町 7-1

大正 10（1921）年に三井物産株式会社門司支店が谷町に建設した接客施設。昭和 24（1949）年の財閥解体をきっかけに旧国鉄が買収。その後は「門鉄会館」となる。平成 2（1990）年に北九州市が建物を譲り受け、本館と附属屋を JR 門司港駅前に移築した。

21 岩田家住宅　主屋、土蔵

市有形文化財（建造物）福岡県北九州市門司区東本町 2-6-24

岩田家は明治 32（1899）年から門司港で酒類販売業を営んだ。現存の建物は、大正 11（1922）年に店舗（酒屋）兼住宅として移転新築されたもの。

22 旧逓信省下関郵便局電話課庁舎（下関市立近代先人顕彰館　田中絹代記念館）

市有形文化財（建造物）山口県下関市田中町 5-7

大正 13（1924）年、旧逓信省下関郵便局電話課庁舎として建設。

23 ニッカウヰスキー門司工場　製造場（旧大里酒精製造所　製造場）

未指定（建造物）福岡県北九州市門司区大里元町 2-1

明治 7（1874）年に神戸で創業した鈴木商店が大正 3（1914）年に大里酒精製造所を創設した。

24 ニッカウヰスキー門司工場　倉庫　（同上　倉庫）

未指定（建造物）福岡県北九州市門司区大里元町 2-1

今ある倉庫群は国道 199 号線沿いにあり、煉瓦の壁面が並ぶ様子から当時の規模が伺える。

25 蜂谷ビル（旧東洋捕鯨株式会社下関支店）

国登録（建造物）山口県下関市岬之町 13-7

大正 15(1926)年に建築された東洋捕鯨株式会社（明治 42〔1909〕年設立）の事務所。以後、日本捕鯨株式会社、共同漁業株式会社、日本水産株式会社と名称を変えながら、下関の捕鯨史を刻印した。

26 門司郵船ビル（日本郵船門司支店）

未指定（建造物）福岡県北九州市門司区港町 7-8

昭和 2（1927）年に建設された鉄筋コンクリート造 4 階建。日本郵船は明治 25（1892）年に赤間関支店門司出張所を開設した。

27 旧大連航路上屋

未指定（建造物）福岡県北九州市門司区西海岸 1-3-5

日本と中国を結ぶ大連航路（日満連絡船）の発着所として昭和 4（1929）年に竣工した建物。国会議事堂や横浜税関などを手がけた大熊喜邦の設計。

28 門司区役所（旧門司市役所）

国登録（建造物）福岡県北九州市門司区清滝 1-1-1

門司港と JR 門司港駅を見下ろす丘の上に建つ鉄筋コンクリート造 3 階建。昭和 5（1930）年に門司市庁舎として落成。

29 関門ビル（旧関門汽船株式会社）

未指定（建造物）山口県下関市唐戸町 6-2

明治 22（1889）年創業の北九州市門司区に本社を置く関門汽船株式会社が、昭和 6（1931）年に事務所として建設したビル。

30 三宜楼

未指定（建造物）福岡県北九州市門司区清滝 3-6-8

昭和 6（1931）年に建てられた高級料亭。門司港の繁栄を象徴する社交場で、大手企業や銀行、著名人たちが利用した。

31 中国労働金庫下関支店（旧不動貯金銀行下関支店）

未指定（建造物）山口県下関市南部町 21-23

不動貯金銀行は大正 8（1919）年に下関支店を創設。この建物は昭和 9（1934）年に建設されたもの。

32 北九州銀行門司支店（旧横浜正金銀行門司支店）

未指定（建造物）福岡県北九州市門司区清滝 2-3-4

日本人初の英国公認建築士である桜井小太郎の設計で昭和 9（1934）年に建設された。

33 藤原義江記念館（旧リンガー邸）

国登録（建造物）山口県下関市阿弥陀寺町 3-14

英国系商社「ホーム・リンガー商会」の代理店として明治 22(1889)年に旧・西南部町に瓜生商会が設立。その支配人の息子マイケル・リンガーのために昭和 11（1936）年に建てられた住宅。

34 旧 JR 九州本社ビル

未指定（建造物）福岡県北九州市門司区西海岸 1-6-2

日本初の総合商社である三井物産の３代目の門司支店として昭和 12（1937）年に建設された鉄筋コンクリート造６階建。戦後は財閥解体に伴い、昭和 28（1953）年に日本国有鉄道に売却された。

35 日清講和記念館

国登録（建造物）山口県下関市阿弥陀寺 4-3

明治 28（1895）年の日清講和条約の記念として、昭和 12（1937）年６月に講和会議の舞台となった料亭春帆楼の隣接地に開館。

36 関門隧道下り線・関門隧道上り線

未指定（建造物）山口県下関市彦島江の浦町１丁目・福岡県北九州市門司区梅ノ木町

昭和 17（1942）年に下り線が開通し、2 年後に上り線が開通した。

37 世界平和パゴダ

未指定（建造物）福岡県北九州市門司区門司 3251-4

昭和 33（1958）年に建てられた、日本で唯一ミャンマー仏教会に認められている寺院。

38 ホーム・リンガ商会

未指定（建造物）福岡県北九州市門司区港町 9-9

公式には昭和 37（1962）年の建設だが、昭和 29 年の『門司市制要覧』に同じ建物が見える。戦後の一時期、英国領事館なった。

39 下関駅の振鈴

未指定（有形民俗）山口県下関市竹崎町 4-3 下関駅内

下関駅の開業当初から使用され、代々引き継がれてきた列車の発車を知らせるための大型のハンドベル。

40 バナナの叩き売り

未指定（無形民俗）山口県下関市・福岡県北九州市

日本統治下の台湾からのバナナの輸入事業で派生した口上文化。徐々に値を下げながら話術巧みに客の心を掴みバナナを売った。

41 フグ料理

未指定（無形民俗）山口県下関市・福岡県北九州市

下関・門司港エリアの冬の名物。特に下関では日本で水揚げされる天然フグの８割を占める。

42 長州藩下関前田台場跡

国史跡　山口県下関市前田 1-7

長州藩は前田台場を設置。文久３（1863）年５月に、ここから田ノ浦沖に停泊するアメリカ商船ペンブローク号を砲撃した。

関門略年表

※ 太字は世界史的できごと

古代～

三二六年頃　神功皇后の三韓征伐／応神天皇の誕生

七九四〔延暦一三〕年　平安時代～

一一八五年　壇ノ浦で平家滅亡

一三三六〔延元元〕年　室町時代～

一三七〇年　下関の住吉神社の本殿再建

一六〇三〔慶長八〕年　江戸時代～

一六一二年　宮本武蔵と佐々木小次郎が巌流島で決闘

一八四〇年　下関に越荷方が設置

一八六三年　**第一次馬関攘夷戦争**

一八六四年　**第二次馬関攘夷戦争**／高杉晋作が長府功山寺で挙兵

一八六五年　桜山招魂社完成

一八六六年　小倉口の戦い（小倉城の焼失）

一八六七年　高杉晋作が下関で没する

一八六八〔明治元〕年　明治政府の誕生

一八七一年　ブラントンの六連島灯台点灯

一八七二年　ブラントンの部埼灯台点灯

一八八八年　門司築港㈱の設立

一八八九年　下関市の誕生（市制施行）／門司港埋め立て工事着手

一八九〇年　下関要塞砲大隊設置

一八九一年　門司駅（現、門司港駅）が開業

一八九二年　門司港築港工事の完了／日本郵船が赤間関支店門司出張所を開設

一八九四年　**日清戦争の勃発**

一八九五年　**下関で日清講和会議**

一八九六年　唐戸海岸の埋め立て完了／下関に最初の英国領事館が開設

一八九七年　大阪商船が門司支店を開設

一八九九年　門司市の誕生（市制施行）／軍医の森鷗外が門司港に到着

一九〇一年　官営八幡製鉄所の操業／馬関停車場（下関駅）の開業／関門連絡船の就航

一九〇二年　山陽ホテルの開業

一九〇三年　門司倶楽部の開館

一九〇四年　**日露戦争の勃発**

一九〇五年　**第一次ロシア革命／ポーツマス条約**

一九〇六年　下関に赤レンガの英国領事館竣工／作家・林芙美子の誕生／大阪商船が大連航路を開始

一九〇八年頃　関門地域でバナナ販売開始

一九一〇年　鮎川義介が戸畑鋳物を創業

一九一一年　出光佐三が出光商会を創業／九電軌の「大蔵-門司」開通／**孫文の辛亥革命（第一次）**

一九一二〔大正元〕年　門司税関の二代目庁舎竣工

一九一三年　門司麦酒煉瓦館の竣工／孫文が戸畑の安川邸に宿泊

一九一四年　門司港駅（二代目駅舎）が完成／**第一次世界大戦の勃発**／下関で旧四建ドックが完成／下関の田中隆らが孫文を援助

一九一五年　下関で秋田商会ビルが竣工／出光商会が下関支店を開設

一九一六年　日本金属㈱彦島精錬所の創設

一九一七年　ロシア二月革命／門司で大阪商船ビルが竣工／柳瀬正夢が門司港の風景を描く／**ロシア一〇月革命**

一九一八年　田中隆が下関の大吉楼で孫文から蓮の実四つを貰う／田中隆が長府に西洋館（長府苑）の建設に着手／米騒動（鈴木商店の焼打ち・久野商会が門司港の米穀商の中で最大被害）
第一次世界大戦が終わる

一九一九年　杉山茂丸が「九州—朝鮮半島」間の海底トンネル計画を発表／下関で共同漁業が創業

一九二〇年　戦後不況のピーク

一九二三年　**日英同盟の廃止**

一九二四年　下関と門司に電話課庁舎完成
山陽電気軌道（山電軌）の創立

一九二五年　中野金次郎が『海峡大観』を刊行／田中隆が長府に日本家屋（長府苑）を完成

一九二六〔昭和元〕年
山電軌の「長府－壇ノ浦」開通

一九二七年　鈴木商店の破綻／下関で文芸誌『燭台』創刊

一九二九年　門司に大連航路上屋が竣工／
世界恐慌

一九三〇年　共同漁業の戸畑移転完了／門司市役所の竣工

一九三一年　三宜楼が建つ／**満洲事変**

一九三二年　**満洲国の成立**／出光佐三が門司商工会議所会頭に就任

一九三四年　門司で第一回みなと祭〔公式〕／下関で臨海鉄道が完成／**ドイツでヒトラーが総統になる**

一九三六年　関門海底鉄道トンネルの起工式／**日独防共協定**

一九三七年　第一次近衛文麿内閣の成立
日中戦争勃発／日独伊防共協定

一九三八年　イタリアから親善大使が来訪／ヒトラーユーゲントが来訪

一九三九年　関門海底国道トンネルの起工式／**第二次世界大戦勃発**

一九四一年　**大東亜戦争（太平洋戦争）勃発**

一九四二年　関門海底鉄道トンネル開通

一九四五〔昭和二〇〕年　終戦

一九四六年　出光商会が旧海軍燃料タンクの底油集積事業に着手／南氷洋捕鯨の再開

一九四七年　福岡県パン共同組合の結成

一九四八年　植木茂が下関美術協会を設立

一九五一年　和布刈水族館が開館

一九五六年　長府に下関水族館が開館

一九五七年　下関水族館でペンギン展示

一九五八年　関門海底国道トンネル開通式／下関大博覧会の開催

一九五九年　福岡県パン会館の落成

一九六〇年　大賀一郎博士が孫文蓮を発芽／「東京蓮の会」（後の「蓮の実会」）が発足（日中友好促進）

一九六八年　関門橋工事の起工式

一九七三年　関門橋が開通

一九八三年　下関市立美術館の開館

二〇一七年　関門地域が「日本遺産」に認定

主要参考文献

〈第1章　神話の海峡〉

宇治谷孟『全現代語訳　日本書紀㊤㊦』講談社、一九九二年

今川貞世『道ゆきぶり』（塙保己一〔編〕『群書類従・第十八輯　日記部　紀行部』続群書類従完成会）

『新訂　魏志倭人伝　他三編　―中国正史日本伝⑴―』岩波書店、一九八七年〔第四七刷〕

椎川亀五郎『日韓上古史ノ裏面　中巻』偕行社、明治四三年

山口県文書館〔編〕『防長寺社由来　第七巻』山口県文書館、昭和六一年

下関市市史編修委員会〔編〕『下関市史　原始－中世』下関市役所、昭和四三年

宮崎勇熊『増補改訂　馬関土産』明治二五年（宮崎勇熊『復刻　馬関土産』防長史料出版社、昭和五〇年）

中山主膳〔編〕『門司ケ関　第五号』門司郷土会、昭和三三年

門司市役所〔編〕『門司市史』門司市役所、昭和八年

中山主膳〔編〕『門司郷土叢書　門司港志』門司市立図書館、昭和三六年

青柳種信〔編〕『筑前国続風土記拾遺　第三巻』筑前国風土記拾遺刊行会、一九七三年

『新岡垣風土記』「熊鰐伝承と三吉」（『新岡垣風土記』収録編集委員会『広報「おかがき」「新岡垣風土記」収録』）

『増補改訂　遠賀郡誌　上巻』遠賀郡誌復刊刊行会、昭和三六年

『岡垣町遺跡詳細分布調査報告書　第16集』岡垣町教育委員会、一九九四年

『山口県文化財概要　第四集』山口県教育委員会、昭和三六年

山本寛助〔編〕『郷土読本　栄える彦島』山口県彦島町教育会、昭和八年

〈第2章　源平の記憶〉

麻原美子・小井土守敏・佐藤智広〔編〕『長門本　平家物語　四』勉誠出版、平成一八年

『全譯　吾妻鏡　第一巻』新人物往来社、昭和五一年

『保暦間記』（塙保己一〔編〕『群書類従・第二十六輯　雑部』群書類従完成会、昭和五五年〔訂正三版第四刷〕）

鳴瀬嘉貞〔編〕『壇浦史蹟』明治四三年

西村亀一『御即位記念　大里町案内』大新社、大正五年

『門司郷土叢書　神社編　戸上神社誌』（吉永禺山・中山主膳〔編〕『門司郷土叢書　第七巻』国書刊行会、昭和五六年）

麻原美子ほか〔編〕『長門本　平家物語　四』勉誠出版、平成一八年

慈円『愚管抄　全現代語訳』講談社、二〇一二年

『全訳　吾妻鏡　第一巻』新人物往来社、昭和五一年

山口県文書館〔編〕『防長風土注進案19前大津宰判』山口県立山口図書館、昭和三七年

久留米市史編さん委員会〔編〕『久留米市史　第五巻』ぎょうせい、昭和六一年

〈第3章　北前船の風景〉

古川辰『西遊雑記』（柳田國男校訂『紀行文集』昭和五年、博文館）

平泉澄『歴史残花　二』時事通信社、昭和四三年

時山彌八『増補訂正　もりのしげり』赤間関書房、昭和四四年

吉村藤舟『郷土物語　第貳拾輯』郷土史研究会、昭和七年

羽原清雅『「門司港」発展と栄光の軌跡』二〇一一年、書誌侃侃房

古川薫〔編著〕『山口県謎解き散歩』新人物往来社、二〇一二年

原田夢果史『真説　宮本武蔵』（『記録　第二十一冊』小倉郷土会、昭和五七年）

〈第4章　幕末と維新〉

下関市教育委員会〔編〕『白石家文書』下関市教育委員会、昭和四三年

木村幸比古（編・訳）『新選組戦場日記』PHP研究所、一九九八年

堀哲三郎〔編〕『高杉晋作全集　下巻』新人物往来社、昭和四九年

中原邦平『復刻忠正公勤王事績』防長史料出版社、昭和四九年

末松謙澄『防長回天史　八』大正一〇年〔修訂再版〕（平成三年・マツノ書店復刻版）

原田茂安『愁風小倉城』自由社会人社、昭和四〇年

北九州市教育委員会文化課〔編〕『小倉城　小倉城調査報告書』北九州市の文化財を守る会、一九七七年

北九州市立自然史・歴史博物館〔編〕『小倉城と城下町』海鳥社、二〇二〇年

田川市史編纂員会〔編〕『田川市史　上巻』田川市役所、昭和四九年
藤真沙夫〔編〕『豊前叢書　副輯　第9号』豊前叢書刊行会、昭和四〇年
葉山嘉樹『死屍を食ふ男』（葉山嘉樹『セメント樽の中の手紙』角川書店、平成二〇年）
小倉市役所〔編〕『小倉市誌　下編』小倉市役所、大正一〇年

〈第5章　近代の開幕〔明治篇〕〉

燈台局〔編〕『第六回　燈台局年報』燈台局、昭和二年
光永真三〔編〕『新聞総覧』日本電報通信社、明治四四年
林平四郎伝出版委員会〔編〕『林平四郎伝・資料編』林平四郎を偲ぶ会、昭和五八年
堀雅昭『関門の近代』弦書房、二〇一七年
門司税関〔編〕『門司港と門司税関の軌跡　～門司税関一〇〇年の歴史～』門司税関一〇〇周年記念誌編集委員会、平成二一年
『的野半介』平田倶集方、昭和八年
倉地英夫・大谷節夫『九州の鉄道』西日本新聞社、一九八〇年
浄法寺朝美『日本築城史』原書房、昭和四六年
北九州市史編さん委員会〔編〕『北九州市史　近代・現代　行政　社会』北九州市、昭和六二年
『硬石五拾年譜　内田良平自伝』葦書房、昭和五三年
米津三郎〔編〕『明治の北九州』小倉郷土会、昭和三九年
堀雅昭『井上馨　開明的ナショナリズム』弦書房、二〇一三年
堀雅昭『杉山茂丸伝　アジア連邦の夢』弦書房、二〇〇六年
福沢清文『関西十県教育視察管見（前編）』信陽堂書店、明治四二年
和田壽次郎〔編〕『浅野セメント沿革史』浅野セメント㈱、昭和一五年
森鷗外『森鷗外全集13　独逸日記　小倉日記』筑摩書房、一九九六年
森鷗外『鷗外近代小説集　第二巻』岩波書店、二〇一二年
秦郁彦『日本陸海軍総合事典』東京大学出版会、一九九一年
公益財団法人文化財建造物保存技術協会〔編〕『重要文化財　旧下関英国領事館本館ほか2棟　保存修理工事報告書』下関市、平成二六年
『英国領事館誘致一件』（門司図書館蔵郷土資料）
林芙美子『放浪記』新潮社、平成二二年〔第五〇刷〕
井上隆晴『二人の生涯』光風社、昭和四九年
小野恵・中西由紀子〔編〕『図録「生誕一一〇年　林芙美子展　―風も吹くなり　雲も光るなり―」』北九州市立文学館、平成二五年
松山理三〔編〕『大連神社創立誌　全』大連神社社務省、大正九年
若槻泰雄『バナナの経済学』玉川大学出版部、一九七六年
尾崎旦『台湾に於けるバナナ沿革史』尾崎旦、昭和四年
若山牧水『若山牧水全集　第一巻』増進会出版社、平成四年
『明治四十二年　明治四十三年　台湾貿易概覧』台湾総督府財務局、明治四五年
梅光女学院大学地域文化研究所〔編〕『地域文化研究　第七号』梅光女学院大学地域文化研究所、一九九二年
『明治文学全集94　明治紀行文学集』筑摩書房、昭和五二年〔第二刷〕
郷原宏『清張とその時代』双葉社、二〇〇九年
松本清張『骨壺の風景』（『松本清張全集66』文藝春秋、一九九六年）
松本清張『半生の記』（『松本清張全集34』文藝春秋、二〇〇八年）
田宮記念事業会〔編〕『田宮嘉右衛門伝』田宮記念事業会、昭和三七年〔非売品〕
サンデン交通社史編纂委員会〔編〕『サンデン交通八〇年史』、サンデン交通株式会社
『山陽電軌三十年略史』山陽電気軌道株式会社、昭和二九年
中野金次郎〔編〕『海峡大観』海峡研究所、大正一四年
村田弘『中野金次郎傳』東洋書館、昭和三三年
『港と歩んだ70年』門司市役所、昭和三四年

〈第6章　近代の膨張〔大正篇〕〉

『門司市勢要覧』門司市役所、大正四年
古川薫『海と西洋館』筑摩書房、昭和四八年
『師と友』（昭和三七年一一月号）全国師友協会
小川薫『父と娘の満洲　―満鉄理事　犬塚信太郎の生涯―』新風舎、二〇〇六年
古幡光男『孫文蓮について』〔私家版〕平成六年
田中隆尚〔編〕『ももんが』「続田中隆行追悼特集」（平成一〇年九月号）乙骨書店

山田純三郎「支那革命と孫文の中日聯盟」（嘉治隆一〔編〕『第一人者の言葉』亜東倶楽部、昭和三六年）
末次長槌『回顧五十年』久野商会、昭和三九年〔非売品〕
北九州市立美術館〔編〕『柳瀬正夢　1900–1945』読売新聞社・美術館連絡協議会、二〇一三年
『72山口県の電信電話』日本電信電話公社山口電気通信部、一九七二年
逓信省〔編〕『逓信事業史　第七巻』逓信協会、昭和一五年
『西日本風雪記』新九州新聞社、昭和三六年
下関市市史編修委員会〔編〕『しものせきなつかしの写真集〔下関市史・別巻〕』下関市、平成七年
『ふくと下関』下関観光協会、昭和一〇年

〈第7章　総戦力体制〔昭和戦前篇〕〉

『燭台　発刊一号』新日本教育図書、一九九八年
堀雅昭『鮎川義介　—日産コンツェルンを作った男—』弦書房、二〇一六年
『九州めぐり　門司から門司へ』門司鐵道局運輸課、大正一五年〔訂補〕（山口県文書館蔵）
福岡県教育会門司教育支会〔編〕『門司市の地理』福岡県教育会門司教育支会、昭和五年
諫山日出志〔編〕『郷土の一〇〇人』諫山日出志、昭和三九年
出光興産株式会社〔編〕『出光五十年史』出光興産株式会社、昭和六一年〔第三刷〕
『下関市史　市制施行以後』下関市役所、昭和三三年
『関門国道トンネル建設の歴史』関門会、平成二一年
国立歴史民俗博物館〔編〕『企画展示　侯爵家のアルバム』国立歴史民俗博物館、二〇一一年
関門トンネル工事誌編纂委員会〔編〕『関門トンネル工事史』日本道路公団、昭和三五年
山川隣〔編〕『戦時體制下に於ける事業及人物』東京電報通信社、昭和一九年
筒井忠吾〔編〕『博多港』福岡市役所商工課、昭和一九年
防衛庁防衛研修所戦史室〔編〕『戦史叢書　海上護衛戦』朝雲新聞社、昭和四六年

〈第8章　パンと民主主義〔昭和戦後篇〕〉

『パンの明治百年史』パンの明治百年史刊行会、昭和四五年
島根県立美術館〔編〕『生誕100年　植木茂』〔二〇一四年〕
田中美佐人〔編〕『門司を担う人々』関門北九州新聞社、昭和二五年
下関海洋科学アカデミー〔編〕『海響館一〇周年記念誌』下関海洋科学アカデミー、二〇一一年
小宮輝之『物語　上野動物園の歴史』中央公論新社、二〇一〇年
小森厚『もう一つの上野動物園史』丸善、一九九七年
白井和夫『長崎水族館とペンギンたち』〔私家版〕二〇〇六年
『門司郷土叢書　海峡叢談第一集』（中山主膳『門司郷土叢書第14冊』昭和三五年）

—〈下関ゆかりの文化人〉—

田上菊舎（上野さち子〔編〕『田上菊舎　上・下』和泉書院、二〇〇〇年）／高島北海（下関市立美術館〔編〕『高島北海展』下関市立美術館、一九八六年）／保良浅之助（長田午狂「籠寅遊侠伝」〔昭和三九年『小説倶楽部』二月号・桃園書房〕、「郷土物語　籠寅一代（一—一二五）」〔昭和三八年八月から一〇月まで「みなと新聞」のスクラップ記事・下関市立図書館蔵〕）／藤原義江（『きらり　山口人物伝　Vol. 7』山口県ひとづくり財団、二〇一四年）／林芙美子（『新潮日本文学アルバム　林芙美子』新潮社、一九九四年〔五刷〕）／田中絹代（『きらり　山口人物伝　Vol. 2』山口県ひとづくり財団、二〇〇八年）／林伊佐緒（「林伊佐緒　偲ぶ会」作成の「林伊佐緒プロフィール」）／木暮実千代（黒川鍾信『木暮実千代　知られざるその素顔』日本放送出版協会、二〇〇七年。『きらり　山口人物伝Vol. 10』山口県ひとづくり財団、二〇一八年）／古川薫（堀雅昭『エヴァンゲリオンの聖地と3人の表現者　—古川薫・山田洋次・庵野秀明—』UBE出版、二〇二三年）／松田優作（松田美智子『越境者　松田優作』新潮社、二〇〇八年）／田中慎弥（田中絹代ぶんか館ホームページ「下関ゆかりの先人たち」、田中慎弥『孤独論　逃げよ、生きよ』徳間書店、二〇一七年）

〈第9章　若松を歩く〉

火野葦平『王者の座』弥生書房、昭和三三年

『日本遺産　二つの港物語』刊行委員会

会長・水野直房（赤間神宮名誉宮司）

〈下関市側〉

鳴瀬道生（住吉神社宮司）
水野大直（赤間神宮宮司）
礒部正明（忌宮神社宮司）
竹中信彦（亀山八幡宮宮司）
宮﨑薫（㈱コプロス社長）
中野秀行（〔一社〕下関２１世紀協会理事長・㈲中野クリーン住設代表取締役）
古田健太郎（㈱古田設備工業社長）
植田満（〔一社〕下関２１世紀協会事務局長）
梶原康弘（赤間本通り商店街振興組合理事長・早鞆高等学校同窓会「鞆和會」会長）
山口昌則（〔協組〕唐戸商店会理事長）
寺尾文彦（〔一社〕からまち代表理事）

〈北九州側〉

出光佐千子（出光美術館館長）
城水悦子（洋建築計画事務所社長）
熊鰐薫修（西圓寺住職）
高瀬和信（和布刈神社禰宜）
徴　一彰（正蓮寺住職）
末次敬三（久野商会社長）
松浦孝（松浦孝アトリエ〔旧久野邸〕）
上野真弓（日本遺産「関門“ノスタルジック”海峡」ガイド）

〈遠方から〉

藤三郎（藤家十八代・玉川 春日神社総代）

〈編集・発行協力〉
ITアドバイザー・齊藤寛和(山口県よろず支援拠点)
北九州側広報・是松和幸（日本デザインクリエイト）
山口県側広報・内田多栄（宇部明るい社会づくり運動協議会）

日本遺産　二つの港物語

―関門〝ノスタルジック〟海峡―

2024年3月16日　第1版第1刷発行

編著　堀　雅昭

発行所　UBE出版
〒755-0802
山口県宇部市北条1丁目5-20
TEL　090-8067-9676

印刷・製本　UBE出版印刷部

ISBN978-4-910845-05-0　C0021

堀　雅昭［ほり　まさあき］

一九六二（昭和三七）年、山口県生まれ。作家。編集プロデューサー。著書に『戦争歌が映す近代』（葦書房）、『杉山茂丸伝』、『ハワイに渡った海賊たち』、『中原中也と維新の影』、『井上馨』、『靖国の源流』、『靖国誕生』、『鮎川義介』、『関門の近代』、『寺内正毅と近代陸軍』（以上、弦書房）。『靖国神社とは何だったのか』（宗教問題）。『炭山の王国』、『維新の英傑　福原芳山』、『宇部日報一〇〇年小史』（以上、宇部日報）。『琴崎八幡宮物語』（琴崎八幡宮）。『うべ歴史読本』（NPO法人うべ100プロジェクト）。『いぐらの館ものがたり』（阿知須地域づくり協議会）、『村野藤吾と俵田明』（宇部市制一〇〇周年出版企画実行委員会・弦書房）、『宇部と俵田三代』、『エヴァンゲリオンの聖地と3人の表現者　―古川薫・山田洋次・庵野秀明―』、復刻版『現代宇部人物素描　―戦時下産炭地の開拓者141名の記録―』『椿の杜◉物語　―日本史を揺さぶった《長州神社》』（以上、UBE出版）などがある。

UBE出版の本

全国の書店・Amazon・楽天ブックス・大手書店サイト（honto、紀伊国屋書店ウェブストア等）・キンドル（電子書籍）などで販売しています

エヴァンゲリオンの聖地と3人の表現者

古川薫・山田洋次・庵野秀明

堀雅昭　直木賞作家・古川薫の『君死に給ふことなかれ』、映画監督・山田洋次の『男はつらいよ』シリーズ、アニメ興行師・庵野秀明の『シン・エヴァンゲリオン』の原風景を、巨匠たちが生きた地（山口県宇部市）から炙り出す渾身の力作。作品に投影された知られざる風景とは。

（A5判、136頁、1500円）

復刻版『現代宇部人物素描』

戦時下産炭地の開拓者141名の記録

高村宗次郎　大正後期の新聞記者が産炭地宇部を取材。山口県内はあもとより、福岡、長崎、佐賀、熊本、大分、島根、広島、岡山、香川、滋賀、山形各県の出身者たち一四一名の貴重なインタビュー記録を完全復刻。

（B5判、110頁、3000円）

椿の杜◉物語

日本史を揺さぶった《長州神社》

堀雅昭　靖国神社の源流＝長州萩の椿八幡宮の初のビジュアル版History Book。靖国神社初代宮司を誕生させた大宮司家ルーツの草壁連醜経は「大化の改新」後に、山口県で獲れた白い雉を朝廷に献上し、「白雉」年号を成立させた。時代の変わり目に姿を現す古社から日本史の謎を読み解く。

（A5判、136頁、1500円）

旅する詩人 永冨衛エッセイ集

永冨衛　地方新聞記者の傍ら、個人文藝誌を発行。宮本常一の「土佐源氏」をひとり芝居で演じ続けた俳優・坂本長利さんの応援団を立ち上げ、機関誌を出し続けた詩人・永冨衛さんの初エッセイ集。新聞記者として3・11直後に東北に入り、取材を重ねる中で見えてきた人間模様を貴重な写真と共にエッセイで紹介。東北にもゆかりのある山頭火や中原中也にも独自の視点で切り込む。

（B6判、94頁、1200円）

地域の小・中学校に寄贈するため、刊行を応援してくださ

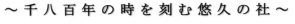

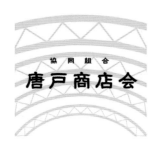

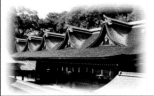

株式会社 **久野商会**
代表取締役社長 末次敬三
〒801－0856 北九州市門司区浜町１番3号 TEL 093-321－4431

松浦孝アトリエ（旧久野邸）
松浦孝〔テラコッタ作家〕
〒801-0872 北九州市門司区谷町2丁目3-10 TEL 090-9146-6169

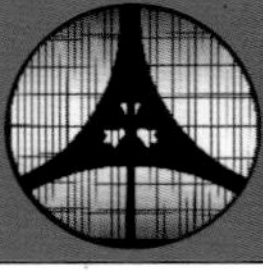
上野 真弓
日本遺産「関門“ノスタルジック”海峡」ガイド

遠方からの応援協賛 600年に渡り野田フジを守った藤家18代当主・藤三郎さん

令和六年度の五〇〇〇円新札の裏面に野田フジのデザインが採用された記念として

玉川 春日神社 宮司◉藤マサ
総代◉藤三郎（藤家十八代）

当社は「野田藤」の名で知られた旧・藤之宮。
植物学の父・牧野冨太郎博士は、日本の藤の標準和名を「ノダフジ」と命名しました。

〒553-0004
大阪市福島区玉川２－２－７ TEL 06-6441-6449

〈藤三郎さんのコメント〉 林 芳正先生の曾祖父・宇部興産の創業者となる俵田明翁は、１９～２０才の頃、当時「藤ノ棚」と言われたこの付近に居住され、大阪府立北野中学に通学されました。この史実を発掘した堀雅昭先生に敬意を表し、遠方からエールを送っております。

活字文化の〈地産地消〉一現在版「郷土保護運動」
Heimatschutzbewegung
UBE 出版